UYLDERT · MUTTER ERDE

Mellie Uyldert

# Mutter Erde

Orte der Kraft und ihre Wirkung
auf Menschen, Tiere, Wasser, Wege

Hugendubel

Herausgeber der Reihe ⌂IRISIANA: Gerhard Riemann
Aus dem Niederländischen von Clemens Wilhelm
Die Originalausgabe erschien unter dem Titel
»Aarde's Levend Lichaam«

© De Driehoek b. v., Amsterdam

© der deutschsprachigen Ausgabe Heinrich Hugendubel Verlag
München, 1987
Alle Rechte vorbehalten

Umschlaggestaltung: Dieter Bonhorst, Gräfelfing
Produktion: Tillmann Roeder, Buchendorf
Satz: Uhl+Massopust, Aalen
Druck und Bindung: Wiener Verlag, Himberg

ISBN 3 88034 328 4

Printed in Austria

# Inhaltsverzeichnis

**Mutter Erde**     9
   Erde und Mensch     9
   Das Kraftfeld der Erde     11
   Erdstrahlen     13
   Positive und negative Schwingungen von Kreuzungspunkten     17
   Pluto     19
   Straßen über Kraftlinien     19
   Die bedeckte Quellen als Kraftpunkte     22
   Der Gebrauch der Erdkraft (Pendel und Wünschelrute)     22
   Feng Shui     23
   Pilgerwege     25
   Frauenburgen     27
   Höhlen     27
   Fieberbäume     28
   Waldheiligtümer     30
   Geschäftsstraßen     30
   Aufgerichtete Pfähle und Steine     32
   Der Drache     32
   Die Kraft, Dinge verschwinden zu lassen     35
   Erdstrahlen und Krebs     39

**Steine**     45
   Menhire     45
   Das Numen     45
   Die Weitergabe des Numens     49
   Opfer     50
   Steinmonumente     51
   Sybillen     53
   Steinkreise (Cromlechs)     57
   Der Omphalos (Nabelstein)     61
   Behauene und unbehauene Steine     62
   Dolmen und Hünenbett     64
   Unterirdische Dörfer     67
   Bewohnte Hügel     67
   Moderne halb unterirdische Wohnungen     68

| | |
|---|---:|
| Heinzelmännchen | 68 |
| Das unterirdische Reich der Zwerge | 70 |
| Unterirdische Gänge | 72 |
| Cairns | 74 |
| Geladene Steine | 74 |
| Steine und Sterne | 75 |
| Scherpenheuvel | 85 |
| Steine und Ufos | 86 |
| Wackelsteine | 88 |
| Drehsteine | 89 |
| Schalensteine | 89 |
| Visiersteine | 90 |
| Steine als Schallverstärker (Orakelsteine) | 91 |
| Feng Shui | 91 |
| Die Kraft Chi | 91 |
| Der Kaiser | 93 |
| Die Städte | 93 |
| Die Stadt | 94 |

**Heilige Orte** 101

| | |
|---|---:|
| Hexen-Tanzplätze | 101 |
| Levitation | 102 |
| Tanzplätze | 103 |
| Erscheinungen | 104 |
| Gestaltverwandlungen | 104 |
| Lustschlösser | 105 |
| Gute und böse Hexen | 106 |
| Die Linde, Gleichgewicht zwischen Himmel und Erde | 107 |
| Der Heilige Berg bei Leusden | 112 |
| Der Goudsberg und der Lindeboomsberg bei Lunteren | 113 |
| Die Stadtjungfrau, Die Stadt: | |
| Wie oben, so unten | 115 |
| Die Erdgöttin als Stadtjungfrau | 117 |
| Übereinstimmungen mit Stonehenge | 120 |
| Die Stadtjungfrau | 122 |
| Chartres, ein altes Heiligtum | 123 |
| Heyligeloo | 126 |
| Der Gaedsberg bei Hattem | 130 |
| Het Solse Gat | 131 |
| Tiefe Wälder und Heiligtümer | 132 |
| Baumfeen und Quellnixen | 134 |
| Die Wotanseichen bei Wolfheze | 138 |

**Mensch und Natur wieder vereint** 143
*Steine werden älter als Menschen* 143
*Wiederkehr* 144
*Wie oben, so unten* 145
*Moderne Visiersteine* 145
*Das Sonnentor von Immerloo* 146
*Das Observatorium von Robert Morris* 147
*Die Frauenberge werde zurückkehren* 149
*Der Hohenstein* 154
*Der weiße Hirsch* 155
*Der Altar* 156
*Baxmann* 156
*Die Höhlen* 157
*Der Ith* 158
*Die Dingstätte oder Malstätte* 160
*Der Gutshof Gierke* 164
*Sternwarte aus der Uhrzeit* 165
*Odry* 166
*Die Stadt Xanten* 167
*Die Heilquelle bei Schloß Schöneck* 169

# Mutter Erde

ERDE UND MENSCH

Mutter Erde, an deren Busen wir Menschen leben – wer kennt sie? Ist sie nichts weiter als ein Körper aus flüssigem Feuer, umhüllt von einer Schale aus Erde und Wasser? Lebendig ist der Leib der Erde und unendlich verfeinert als Ausdruck ihrer Durchseeltheit. Ein Lebewesen ist sie, gebaut nach dem gleichen kosmischen Muster wie der Mensch auf ihrem Schoß. Wie wir Menschen ist auch die Erde ein *zweipoliges* Wesen, wobei ein Kreislauf von Kräften die beiden Pole verbindet.

Der Mensch empfängt seine Inspiration aus dem Äther, der den Raum erfüllt; diesem sind die Muster eingeprägt, die aus ständig sich ändernden Figuren und Kraftlinien bestehen. Die Inspiration kommt durch das Schädeldach, wo sie in die dort befindliche kelchförmige Öffnung des Kraftfelds eingesaugt wird.

Genauso empfängt die Erde an ihrem magnetischen *Nordpol* ihre von Mustern geprägte Kraft, die aus dem Raum in ihr eigenes Kraftfeld einfließt. Sie empfängt diese Kraft von ihren Geschwistern, den Planeten, die alle ihr eigenes Muster als kosmischen Beitrag in das Weltall aussenden und so eine vielfältige Arbeitsgrundlage für die Erde schaffen.

Wie beim Menschen liegt bei ihr im Norden der *Denkpol*. Die Muster verarbeitet sie in allen ihren Lebensformen, in allen Naturreichen, in allen Geschöpfen, die ihr Inneres und ihre Haut bewohnen.

Was von diesem Umsetzungsprozeß zurückbleibt, wird wie beim Menschen über den *Südpol* ausgeschieden; die Ausscheidungsorgane liegen ja am Südpol des Menschen, wo der kosmische Strom dessen Produkte absaugt. Bei der Erde ist dies deutlich an der Zuspitzung der Kontinente auf der südlichen Halbkugel zu erkennen: Südamerika, Afrika, Südindien und Sri Lanka, Australien.

Die *Taille* von Mutter Erde liegt am Äquator, auch wenn sie dort ihren größten Umfang hat. Die große Hitze in diesen Breiten entspricht den menschlichen Eingeweiden, in denen Wärmeprozesse der Verdauung ablaufen. Ihre *Leber*, wo viel verarbeitet wird, liegt unterhalb von Afrika. Gleich in der Nähe befinden sich ihr *Nabel* und ihr *Sonnengeflecht*, in dem viele ein- und ausgehende Verbindungen zusammenlaufen, ganz ähnlich der Nabelschnur, durch die sie einst mit ihrer Mutter Sonne verbunden war. (Aus diesem Grunde lebt dort der Löwe und haben die Hütten und Paläste ihrer menschlichen Bewohner dort eine runde Gestalt). So hat die Erde auch einen Oberkörper und einen Unterleib. Ihr Herz schlägt in Mitteleuropa, wo der Sonnenkult die stärksten und ältesten Wurzeln hat.

Die *Thymusdrüse* befindet sich in Kleinasien, dem Ort des Glaubens und des Glücks.

Das *Gehirn* der Erde arbeitet in Nordindien, China, Japan, Nord- und Mitteleuropa.

Ihr *Magen* liegt in den suptropischen Gebieten der nördlichen Halbkugel, wo die Lebenskünstler wohnen.

Die *Kehle* der Erde singt in Irland.

Ihr *Rückgrat* liegt auf der westlichen Halbkugel in den Gebirgsketten der Anden und des Felsengebirges.

Die *Haut* ihres ganzen Körpers ist mit der Flora begrünt, den Urwäldern.

Ihre *Blutgefäße* sind die großen Flüsse, während ihr Lymphsystem von den Teichen, Seen und Meeren gebildet wird. Die *Nervenbahnen* der Erde sind die Erzadern, und ihre wertvollsten Rohstoffe sind in ihren endokrinen *Drüsen* konzentriert, wie z. B. ihr Gold und ihre Diamanten in Südafrika, ihre Edelsteine in Brasilien.

Ihre Berge bilden ihr *Skelett* und die Ebenen ihr *Fleisch*. In ihrem Leib und auf ihr findet man allerlei Lebewesen, Pflanzen, Tiere und Menschen, deren Aufgabe es ist, mit ihr zusammenzuarbeiten, wie dies die Bakterien und Bazillen im menschlichen Körper tun.

Die große Regenerationsfähigkeit der Erde kann erschöpft werden, wenn der Mensch ihre Haut kahlrasiert und zu Wüsten vertrocknen läßt, wenn er ihre nährenden Wasseradern mit chemischen Rückständen vergiftet, durch Ausbeutung der Bodenschätze ihre Nerven aushöhlt und die Harmonie des sie umgebenden Kraftfelds zerstört, indem er mit Flugzeugen und Raketen dessen Grenzen durchstößt. Dann kann die Erde krank werden, in Erd- und Seebeben erzittern, die Krankheitskeime in Geschwüren wie Vulkanausbrüchen ausscheiden und in Sturmwinden beschleunigt atmen.

Mutter Erde nährt und reinigt alle ihre Bewohner und hält sie am Leben. Wenn sie ihren Gesetzen folgen und mit ihr zusammenarbeiten, dann geht es allen gut. Wenn sie ihre Gesetze mißachten und sie nur ausbeuten, geht es beiden Teilen immer schlechter. Ihre Stimme warnt im Wehen des Windes, im Rauschen der Gewässer, in der Stille der tiefen Höhlen, wo weise Frauen ihre Botschaft verkünden. In Gestalt des Instinkts in Mensch und Tier führt sie ihre Kinder. Der Mensch, der sich von ihr abwendet, verliert ihre heilsame Ausstrahlung, und es fehlt ihm fortan Lebenskraft und Glück.

## DAS KRAFTFELD DER ERDE

Wie der Mensch besitzt auch die Erde außer ihrem stofflichen Leib auch ein ätherisches Kraftfeld oder einen Lebensleib, der sie in Form der Atmosphäre durchdringt und umhüllt. Diese wird von den feineren Kräften Yang und Yin durchströmt. Yang ist schaffend, formend durch Bindung von Stoff nach ätherischen Mustern und geht vom Geist zum Stoff. Yin ist entgegengesetzt gerichtet und geht vom Stoff zum Geist; es ist auflösend, reinigend, vergeistigend. Diese beiden sich ergänzenden Kräfte sind untrennbar miteinander verbunden und halten sich im Gleichgewicht als männlich und weiblich, elektrisch und magnetisch, konkretisierend und abstrahierend. Sie bewegen sich in Strombetten, die wir beim Kraftfeld des Menschen wie demjenigen der Erde als *Meridiane* bezeichnen. Störungen und Stauungen in diesen Strömen werden beim Menschen durch Nadeln (Akupunktur) oder Massage (Akupressur) behandelt, bei der Erde seit

Das Yin/Yang-Zeichen mit den acht Trigrammen.

alten Zeiten durch das Aufrichten langer Steine oder den Transport von Erde oder Wasser.

Durch das Kraftfeld der Erde verlaufen verschiedene Systeme oder *Netze* solcher Kanäle. Diejenigen, die von Norden nach Süden verlaufen, nennen wir die Meridiane des Gradnetzes. Diejenigen, die parallel zueinander liegen, nennen wir Breitengrade. (Der Mensch hat dieses Gradnetz nicht erfunden, sondern entdeckt). Längen- und Breitengrade schneiden sich im rechten Winkel und bilden so das sogenannte *Erste Netz*. Es wird durch das uralte Symbol für die Erde dargestellt: Ein kariertes Quadrat, an dessen Seiten sich jeweils drei kleine Quadrate befinden, insgesamt neun (eine heilige Zahl), und in dem sich ein rechtwinkliges Kreuz mit gleicher Länge und Breite befindet. Auf eine Spitze gestellt, bezeichnet es Mutter Erde und ihre Fruchtbarkeit, die Lebenskraft, die Vorhersehung. (In alten Zeiten steckte man dieses Zeichen auf einem Brett, das an einem Stock befestigt war, in den Acker, um Mutter Erde gnädig zu stimmen und die Fruchtbarkeit zu fördern. Als dies von der christlichen Kirche verboten wurde, befestigte man ein Kruzifix daran und versah das Ganze mit einem Dach).

Schräg durch dieses erste Netz verlaufen Kraftlinien als *Diagonalen*, die das *Zweite Netz* bilden. So entstehen *Knotenpunkte* aus zwei oder drei Kraftlinien. Wie beim Menschen als Ausdruck des Zusammenwirkens von Yin und Yang ein Blutgefäß von einem Nerven umschlungen wird, so findet man auch im Lebensleib der Erde häufig eine Verflechtung von beiden Kraftarten, die sich im stofflichen Erdenleib, der Erdkruste, analog als Kraftstrom und Wasserstrom ausdrückt, die einander begleiten.

Solche Knotenpunkte können eine große Kraft entwickeln, die, vom Menschen wahrgenommen, zu den heiligen Orten auf der Erde zählen. Ihre Verbindungslinien ergeben die heiligen Wege, auf denen Pilger reisen.

Die sogenannten Erdstrahlen entspringen aus solchen Knotenpunkten und bieten den Erdenbewohnern große Möglichkeiten. Wer sie jedoch nicht in geeigneter Weise weiterleiten und gebrauchen kann, den können sie durch Stauung vernichten. Es gibt noch viele andere Netze. Die uralte Wissenschaft, die sich hiermit beschäftigt, ist die *Geomantie*. Sie wurde im alten China sehr weit entwickelt und im Alltagsleben der Menschen angewandt. Die Kraftlinien durch die Erdkruste werden dort *Drachenlinien* genannt. Im Westen werden sie *ley lines*, *geodätische* oder orthotenische Linien genannt. Sie setzen sich auf dem Himmelsgewölbe fort, das den Erdenkörper umschließt. (Die Ufos werden von diesen Kraftlinien getragen und angetrieben; man kann manchmal sehen, wie sie abrupt von einer Bahn in die andere wechseln). Diese Kraftlinien befinden sich also in der Erdkruste, ebenso darauf und darüber und oben am Himmelsgewölbe.

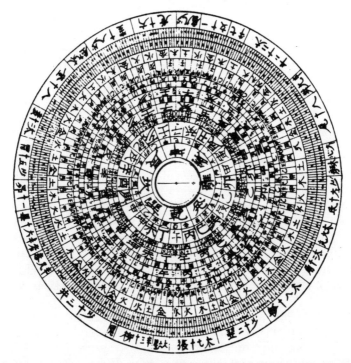

Kompaß eines chinesischen Geomanten, mit dem der richtige Ort für ein Haus, ein Grab, einen Tempel oder die Nutzung eines Stücks Land in der Weise bestimmt wurde, daß Übereinstimmung mit den Strömungen in der Erde bestand.

## ERDSTRAHLEN

Eine starke Wirkung haben die Knotenpunkte der Meridiane mit den Kraftlinien, die parallel zu den Breitengraden verlaufen, die also rechtwinklige Karos bilden. Die gleiche Kraft besitzen die Knotenpunkte des diagonalen Netzes, d. h. der schiefwinkligen Karos. Am stärksten aber sind die Doppelknotenpunkte, an denen zwei Knotenpunkte verschiedener Netze zusammenfallen. Ihre Kraft wird mit einer *Wünschelrute* oder einem *Pendel* gemessen. Seit jeher hat man an diesen stark geladenen Punkten bedeutende öffentliche Gebäude errichtet. Dies haben unlängst zwei Schweizer Architekten nachgemessen, die die Reste der ausgegrabenen römischen Kolonie Augusta Raurica in der Schweiz mit der Wünschelrute untersuchten. Bei Tempeln und Theatern zeigte sich, daß die Säulen und die Standbilder genau an den Knotenpunkten der beiden wichtigsten Kraftliniennetze errichtet wurden. Diese Stadt wurde im Jahre 44 v. Chr. erbaut. Aber auch bei Ausgrabungen anderer alter Städte zeigte sich immer wieder, daß sich die heiligsten Orte, z. B. die Altäre, auf einem dreifachen Knotenpunkt befanden, der also drei verschiedenen Netzen angehörte. Die ganze Stadt wurde entsprechend dem Kraftlinienmuster gebaut, so daß die Straßen gewissermaßen krafterfüllt waren. Meist kam noch hinzu, daß die Sonne als Lebensspenderin an bestimmten Festtagen des Jahres bei ihrem Aufgang bestimmte Statuen und Altäre beschien, z. B. zur Sommersonnenwende, und zu diesem Zeitpunkt wurde an der entsprechenden Stelle dann ein Fest gefeiert.

An dem Tag des Jahres, an dem die Sonne durch eine Straße oder einen Tempelgang genau eine bestimmte Götterstatue bescheint, feiert man das Fest der Gottheit, deren Bedeutung mit der Wirkung eines kosmischen Punktes, z. B. eines Fixsterns, auf das irdische Geschehen zusammenhängt. Bei solchen Hochzeiten zwischen Himmel und Erde geschieht wirklich etwas Besonderes.

So wurde ein Xeres-Tempel in Augusta Raurica am 19. April eines jeden Jahres von der Sonne beschienen, und an diesem Tag huldigte man auch dieser Göttin des Ackerbaus und der Fruchtbarkeit. Die Menschen lebten mit den wirklich großen Jahrestatsachen. Dies ist bei allen alten Völkern der Fall.

Ein drittes Netz weist breite Bahnen mit einem Abstand von zwei bis fünf Metern auf, und häufig wird hiernach eine Stadt ausgerichtet. Die Strahlung solcher Bahnen kann positiv (männlich, auf den Stoff gerichtet), oder negativ (weiblich, auf den Geist gerichtet) sein. Die Wünschelrute geht bei der positiven Strahlung nach oben und bei der negativen Strahlung nach unten. Das Pendel reagiert auf positiv mit Rechtsdrehung und auf negativ mit Linksdrehung.

In unserer Zeit ist man sich der Strahlungen der Erde durchaus bewußt, aber man glaubt, daß die Erdstrahlen an Knotenpunkten für Lebewesen (Mensch, Pflanze und Tier) meist schädlich sind. Man sieht z. B., daß Bäume an solchen Orten drehwüchsig sind oder mehrere Stämme ausbilden und später häufig verkrebsen.

Manche Tierarten meiden solche Orte, und zwar diejenigen, die vom Menschen beeinflußt sind und ihre Ursprünglichkeit verloren haben, wie z. B. Rind, Schwein und Hund. Wenn ein Schwein an dem Ort, an dem der Bauer für es das Stroh ausgebreitet hat, nicht liegen will, sondern dieses an einen anderen Ort in seinem Stall trägt, ist an der vorigen Stelle sicher eine Erdstrahlung zu finden.

Andere Tierarten wiederum fühlen sich gerade von einem solchen bestrahlten Platz angezogen: Katzen, Eulen, Ameisen und Bienen. (Eine Frau, die häufig krank war, wandte sich an einen Wünschelrutengänger, und es zeigte sich, daß ihr Bett genau über einem Knotenpunkt stand.

Ihre Katze pflegte stets nachts auf ihrer Brust zu schlafen. Nachdem der Wünschelrutengänger ein Entstrahlungsgerät angebracht hatte, das die Strahlung aufsaugte und zerstreute, besserte sich ihre Gesundheit, doch die Katze kam nicht mehr an ihren früheren Lieblingsplatz zurück).

Wie kommt es, daß bei einer bestimmten Strahlung sich der eine wohl fühlt und der andere krank wird? Das liegt daran, ob und wie man die darin vorhandene Kraft leiten kann. Moderne Forschungen haben z. B. ergeben, daß in einer Stadt die Bewohner bestimmter Häuser stets an Krebs erkrankten. Der Wünschelrutengänger untersuchte ganze Straßenzüge und Wohnblöcke und gab an, wo Erdstrahlung vorhanden war. Im Rathaus bezeichnete man dann auf einem Stadtplan die Stellen, wo Menschen an Krebs gestorben waren. Es waren genau die Stellen, an denen der Wünschelrutengänger Strahlen gemessen hatte. Nun ist Krebs eine Krankheit von Menschen, die ihre Leibes- und Seelenkräfte nicht zu gebrauchen wagen, können oder dürfen. Sie haben keine Gelegenheit, um zu spielen, um sich zu äußern. Die Kraft findet keinen Kanal, durch den sie ein- und ausströmen kann. Die in den Menschen erregte Kraft beginnt sich zu stauen und schließlich zu drehen, macht die Seele krank, findet manchmal einen Notausgang in Verbrechen, Zerstörungswut oder hemmungsloser Sexualität oder äußert sich auf der körperlichen Ebene in der planlosen Ausbildung von Geschwüren. Wenn ein solcher Mensch an einem bestrahlten Ort lebt, dann empfängt er ständig Schöpfungskraft (positiv) oder Heiligungskraft (negativ), die er nicht nutzen kann, weil seine gesamte Zeit von mechanischer Arbeit beansprucht wird oder weil er arbeitslos herumlungert. Der ungenutzte Überschuß an Strahlungskraft führt dann, wenn sie positiv ist, zu Krebs, und wenn sie negativ ist, in die Drogenabhängigkeit.

Vieh, das sich nicht nach seiner Art bewegen und verhalten kann, wird krank und meidet instinktiv Orte, an denen Kraft konzentriert ist.

Ameisen und Bienen dagegen benutzen die positive Kraft der Erdstrahlen, um noch mehr zu leisten.

Ameisenhaufen werden deshalb an Orten mit erhöhter positiver Strahlung angelegt, und wieviel davon auch verbraucht wird, es bleibt immer noch Kraft übrig. Dies nutzen z. B. die Eingeborenen in Afrika für besondere Zwecke aus. Ein Hyänenmann, d. h. ein Zauberer, der sich ab und zu in eine Hyäne verwandeln kann, ändert auf einem solchen Termitenhaufen seine Gestalt, und zwar in beide Richtungen.

Seit jeher wohnen weise Frauen, die in die Zukunft und in die Vergangenheit blicken können, ebenfalls an solchen Orten, vorzeugsweise in Höhlen. Die Kraft verstärkt ihre höheren Fähigkeiten.

In einen Tempel, der an einem solchen Ort errichtet wurde, begaben sich in alten Zeiten die Kranken und Unglücklichen, um dort eine Nacht zu schlafen. Im Traum wurde ihnen dann ihr Heilmittel geoffenbart.

Schlangen können sich enorm mit Erdstrahlung aufladen, und früher hielt man sie deshalb auch als Haustiere, die man in die Hand, auf den Schoß oder mit ins Bett nahm (wie wir heute die Katze), um sich selbst dadurch zu kräftigen oder die eigenen magischen Fähigkeiten dadurch zu steigern; dies war z. B. bei den alten Griechen der Fall.

Sehr aktive Menschen, die vor Tatendrang bersten, fühlen sich an einem bestrahlten Ort besonders wohl. Langweilige Menschen halten es dort nicht aus, können damit nichts anfangen.

Die Kraft der Erdstrahlung, die von Knotenpunkten der Kraftliniennetze ausgesandt wird, ist an sich neutral. In welcher Form sie sich äußert, hängt von dem Leiter ab, der sie aufnimmt. Es liegt am Menschen selbst, ob er dadurch ein weißer oder ein schwarzer Magier wird, ob er sich dadurch zu einem Heiland oder einem Satan machen läßt. Wie das Wasser die Gestalt des Gefäßes annimmt, in dem es sich befindet, so nimmt die Erdenkraft die Eigenschaften der Seelenform an, die sie aufsaugt. Jede Denk-, Gefühls- oder Willensgestalt (Wunsch) in der Menschenseele kann sich durch diese Kraft verstärken und damit diese Form lebendig machen. So schafft der Mensch selbst Engel wie Dämonen. Die Fee im Märchen, die dem armen Holzfäller einen Wunsch gewährt, der in Erfüllung gehen soll, ist die Kraft der Erdstrahlung, die in ihrem Zauberstab bewahrt ist.

Der unglückliche Mensch, der immer nur negative Gedanken und Vorstellungen hegt, macht sich selbst krank. Wenn er dazu noch auf Erdstrahlen lebt, dann beschleunigt sich dieser Prozeß: Man schafft sein eigenes Leiden.

Man kann aber aus der gleichen Kraft die große Heilkraft machen, durch die man den Krebs zum Verschwinden bringt, indem man nämlich diese Kraft durch positive Gedanken, Gefühle und Pläne leitet, indem man das tut, wozu man sich gedrängt und bestimmt fühlt. Wer also auf Erdstrahlen wohnt, kann natürlich ein neutralisierendes Gerät installieren oder einen isolierenden Teppich auslegen, um nicht krank zu werden; besser genutzt wäre diese Kraft, wenn er seine eigenen inneren Blockaden beseitigen, seine Hemmungen überwinden und ein schöpferischer Mensch werden würde.

An strahlungsfreien Orten bekommt man zwar keinen Krebs, aber man leistet und lebt auch weniger.

Die Erdenkraft kann eine Wohltat sein, wenn man sie auf das höchste Niveau erhebt, dessen man fähig ist, und sie dort gebraucht und in Kreativität umwandelt.

## POSITIVE UND NEGATIVE SCHWINGUNGEN VON KREUZUNGSPUNKTEN

Die Knotenpunkte der Kraftlinien haben sowohl im Gradnetz der meridionalen und der longitudinalen Kraftlinien wie auch im diagonalen Netz beim Pendeln manchmal eine rechtsdrehende (Yang-) Bewegung des Pendels, manchmal eine linksdrehende (Yin-) Bewegung zur Folge. Wenn die Wünschelrute nach oben ausschlägt, dann dreht sich das Pendel an diesem Ort nach rechts (im Uhrzeigersinn). Wenn die Wünschelrute nach unten ausschlägt, dann dreht dort das Pendel nach links. Der Forscher Manfred Curry sagt, daß an einem Ort, an dem man eine Rechtsdrehung erhält (Yang), eine Aufladung mit Kraft erfolgt, wobei sich die Aura des Menschen, der sich an diesem Ort befindet, vergrößert. Bei einer Linksdrehung soll sich die Aura verkleinern und der Mensch ausgelaugt werden. Der Arzt Peter Rothdach dagegen nannte einen linksdrehenden Ort aufladend. Jeder, der mit der Wünschelrute geht oder pendelt, kann dies für sich selbst ausprobieren.

In China und Tibet gilt rechts als gut und dient als Wohnort guten Geistern, links dagegen als schlecht und dient bösen Geistern. Was aber ist gut und was ist schlecht?

Die ursprüngliche Religion der Tibeter war die Bon-Religion, bei der der Schamane (der Zauberer und Okkultist) durch magische Techniken auf die Welt des Stofflichen und der Ereignisse Einflüsse ausübte. Sie wurde später vom Buddhismus verdrängt, der die animistischen Vorstellungen beseitigte und an ihre Stelle die bewußte Selbsterziehung in Richtung eines geistigen Bewußtseins setzte, d. h. die Mystik. Der in Trance verfallende Schamane begibt sich eigentlich in die Welt der Tiere zurück, die links liegt (Mond). Der über den göttlichen Geist meditierende Buddhist wendet sich nach rechts (Sonne). Wo man aus Angst Geistern und Götzen opfert, wird man leerer (schrumpfende Aura). Hierzu gehört Knien, sich Verbeugen und Ausatmen. Dagegen steht derjenige, der sich zu Gott hinwendet, aufrecht mit ausgebreiteten Armen, in klarem Bewußtsein und einatmend. Das Emblem des Buddhismus ist das rechtsdrehende Hakenkreuz; Gebetsmühlen laufen rechts herum, und wenn man dreimal ein Heiligtum umwandert, geschieht dies ebenfalls im Uhrzeigersinn.

Wollte man in diesen Ländern einen Tempel errichten, überließ man die Auswahl des geeigneten Ortes häufig einer Kuh. Wo sie ihre Milch abgibt, ist ein heiliger Ort. An einem ungeeigneten Ort versiegt die Milch im Euter. Wenn die Stelle einmal feststand, kam der Geomant, um die Lage des Baus nach der Gestalt der Landschaft, den Windrichtungen, den Wasserläufen und den kosmischen Konstellationen (Sonne, Mond und bestimmte Sterne) festzulegen.

Gegebenenfalls werden die vorhandenen Schwingungen in andere, geeignetere umgesetzt. So verwandelte der buddhistische Heilige Padmasambhawa die bösen Geister in gute, die den Ort beschützten. Dort wurde dann ein Kloster errichtet. Es kommt immer darauf an, wer die Geister in seiner Macht hat und für sich arbeiten läßt.

Klöster, von denen eine starke Macht ausgeht, stehen meist auf einem doppelten Knotenpunkt, an dem ein Knoten des Ersten Netzes mit einem solchen des zweiten Netzes zusammenfällt. An dieser Stelle steht meist der Altar.

Auch durch die Struktur und die Materialien eines Gebäudes werden die natürlichen Kräfte eines Orts beeinflußt, so daß man aus einem zunächst ungünstigen Ort manchmal noch einen heilsamen machen kann. Reisende pendelten in Nepal ein Haus aus, das zweihundertfünfzig Jahre alt war. Es diente zunächst als Pilgerherberge und wurde später von vielen Familien bewohnt. Es war vollkommen frei von Störungen. Beim Bau hatte man offensichtlich beide Netze berücksichtigt.

# PLUTO

Die Kraft der Mutter Erde, die, von einer gleichartigen kosmischen Kraft erregt, aus ihrem Inneren aufsteigt und sich in die Atmosphäre fortsetzt, nimmt in den verschiedenen Religionen und Kulturen verschiedene Gestalt an. In Europa wird sie häufig zur schwarzen Madonna; schwarz deshalb, weil sie unterirdisch und damit dunkel ist. Bei den alten Griechen zeigte sie sich in den Gestalten *Plutos*, des Gottes der Unterwelt, und seiner Gattin *Kore* oder *Persephone*, die er von der Oberfläche der Erde geraubt hatte und die im Winter neben ihm auf seinem schwarzen Thron sitzt. Im Sommer durfte sie zur Erdoberfläche zurückkehren und ihrer Mutter bei der Pflege der Pflanzenwelt helfen. Die Erdenkraft weist in der Tat eine Verbindung zum Planeten Pluto auf, der die Unterwelt des Menschen beherrscht, und zwar sowohl diejenige des Verbrechens in der Gesellschaft als auch diejenige in der Seele, die man das Unbewußte nennt und aus der die Träume als Botschaften aufsteigen. Sie ist die Kraft des Heiligen Geistes, die den gespaltenen Menschen heilen kann, und auf der stofflichen Ebene die große Macht. Sie schafft den wahren Künstler wie auch den Magier, den Heiland, den Heiler, die Sibylle. Pluto arbeitet mit dem Mond zusammen, der durch *Kore* repräsentiert wird. Er kann auch der Erzeuger von Geschwüren sein, von Tumoren, Myomen usw. Der geheilte Mensch, der frei von allen Hemmungen und Verkrampfungen ist, steuert die plutonische Kraft und kann so zur Erfüllung seiner menschlichen Bestimmung gelangen.

In der Tierwelt durchströmt die plutonische Kraft insbesondere Kröten (die Geburten ankündigen), Schildkröten (weise), Störche, Krebse und die bereits erwähnten Katzen (Weise oder Hexen), Eulen (die Todesfälle ankündigen), Ameisen (Arbeitseifer) und Bienen (eifrige Arbeiter).

# STRASSEN ÜBER KRAFTLINIEN

Bevor der Mensch begann, Städte zu bauen, als er noch barfuß über die Erde und durch das Wasser ging, fühlten seine Füße die Erdenkraft in sich aufsteigen, die ihn aufmunterte und zu vielem befähigte. Er folgte dem Lauf der Kraftlinien immer wieder, und so entstanden die ersten Straßen, die häufig gewunden waren. Die heilsame Kraft wurde als Göttin verehrt: Ellen oder Helena, die Beschützerin der Wege und Straßen.

Persephone und Pluto mit Hahn, Kornähren und Mohnkapseln (Terracottarelief, Palermo).

An den Kreuzungspunkten des Wegenetzes erlebte der Mensch eine besonders intensive Kraft, die ihm Heil brachte. Der heilige Weg führte zum heiligen Ort, an dem man als Wahrzeichen einen langen Stein aufstellte *(Jakob* in *Beth-El)* oder einen jungen Baum pflanzte, in Europa vorzugsweise eine Linde, an der man später das hölzerne Bildnis der Göttin befestigte. Man fühlte, daß der

Knotenpunkt ein gefährlicher Ort sein konnte und flehte die Göttin um Schutz an. Man brachte ihr ein Opfer dar. Vielleicht errichtete man ihr später ein Heiligtum und ließ dort eine Jungfrau heilige Handlungen vollziehen.

Im Christentum hieß die Göttin Maria, und die heilige Linde *(Maria zur Linde)* stand dann bei der Kirche, die auf den Trümmern des zerstörten heidnischen Tempels errichtet wurde. Der Ort blieb nach wie vor heilig, sein Name jedoch wurde gewaltsam geändert.

Manchmal wurde an einem solchen Ort mit besonders intensiver Strahlung das Haus des Magiers, des Priesters oder des Herrschers gebaut. Man errichtete zunächst um den Baum herum ein Zelt, später ein Holzgebäude, und die Krone des lebenden Baums bedeckte und beschützte das Haus. Wenn der Baum starb, blieb der Stamm dennoch der Mittelpunkt, und noch später begann man den Bau mit dem Aufstellen eines Pfahls. Der Baum war sowohl das Zeichen des Heils als auch dessen Leiter. So errichten die Bewohner Sibiriens noch heute ihre Jurte um eine Birke herum.

Die europäische Linde steht immer noch vor den Bauernhöfen, wegen ihrer wohltätigen und liebeerweckenden Kraft bevorzugt vor den Schlafräumen.

Sie ist auch ein Baum des Gleichgewichts, der deshalb an der *Tingstätte* gepflanzt wurde, an der Recht gesprochen wurde, damit man durch Bezahlung oder Abbüßung einer Schuld das Gleichgewicht wieder herstellen konnte. Ihr wohltätiges Wesen stellte man in späterer Zeit durch eine Frauengestalt dar, die als geschnitzte Holzfigur an ihrem Stamm befestigt wurde. In der christlichen Kirche war ihr Name Maria (siehe auch das Kapitel »Die Linde«).

Eine Kraftlinie verläuft natürlicherweise geradlinig, nimmt aber häufig durch das Zusammentreffen mit Kraftpunkten und Widerständen einen gewundenen Verlauf. In einer solchen *Krümmung (Mäander)* ist sie stark spürbar, und dort werden viele Menschen auch von Leiden und Qualen befreit. Man errichtet der Wesenheit, die diesen Ort hütet, dankbar ein Heiligtum, vor allem, wenn diese Linie von einem Wasserlauf an der Oberfläche begleitet wird. Man denke etwa an die Biegung des Flusses Beerze bei Oirschot im niederländischen Nordbrabant, wo man dem Wasser heilkräftige Wirkung für die Augen nachsagt. Man hat hier eine heilige Eiche und später eine Marienkapelle errichtet.

## DIE BEDECKTE QUELLE ALS KRAFTPUNKT

Früher bezeichnete man an der Erdoberfläche die gewundene Kraftlinie mit einem Pfad, einer Hecke, einer Steinreihe oder einem Erdwall. Wenn diese Linie auf einen so großen Widerstand stößt, daß sie nicht weiter kann, wendet sie sich in einer Spirale nach oben, und man spricht von einer bedeckten Quelle. Wenn eine unterirdische Wasserader mit dem gleichen Verlauf vorhanden ist, handelt es sich um eine verborgene Quelle. Gräbt man nun an dieser Stelle, kann sie zum Vorschein kommen und dauernd sprudeln. In frommen Erzählungen wird des öfteren davon berichtet, wie ein Heiliger (Moses, Isidor) an einen Felsen schlägt und Wasser heraussprudelt. In anderen Fällen ist es eine Kuh, die die Quelle ausgräbt, oder ein Mädchen wie Bernadette de Soubirous gräbt auf Befehl einer himmlischen Erscheinung mit den Händen an einer bestimmten Stelle, an der dann eine Quelle entspringt. Manchmal wird die Quelle später vom Menschen wieder zugeschüttet und verschlossen, wie es zum Beispiel unter dem Altar in der Kathedrale von Chartres der Fall war, einem uralten heiligen Ort auf einer solchen Spirale (siehe hierzu das entsprechende Kapitel).

Die spriralig drehende Kraft über einem solchen Knotenpunkt oder Endpunkt einer Kraftlinie kann sich einem Baum einprägen, der an dieser Stelle steht, so daß sein Stamm *verdreht* aussieht. Der Baum wird dann zum Leiter der Kraft. Ob dies für den Baum günstig oder ungünstig ist, hängt davon ab, ob er diese Kraft aushalten kann und ob die Polarität der Kraft, positiv oder negativ, mit derjenigen des Baums übereinstimmt. Dies gilt für alle Pflanzen, aber auch für Menschen und Tiere.

## DER GEBRAUCH DER ERDKRAFT
## (PENDEL UND WÜNSCHELRUTE)

Die Erdkraft wird vom Planeten Pluto beherrscht, der daher auch bei den alten Griechen der Gott der Unterwelt war. Wenn bei einem Menschen im Horoskop Pluto im Vierten Haus steht (Erde, Wohnort), dann ist er auf diese Kraft eingestimmt und kann mit der *Wünschelrute* arbeiten. Ursprünglich handelte es sich hierbei um eine Astgabel des Haselnußstrauchs *(Yin,* d. h. aufnehmend) oder, zum Aufspüren von Wasser *(Yang)* eine Weide; heute macht man sie auch aus Metall und in verschiedener Form. Der Wünschelrutengänger oder Radiästhesist hält die beiden freien Enden locker in den Händen, und wenn die Kraft oder der Gegenstand oder der Stoff, den er sucht, im Boden vorhanden ist, schlägt das dritte Ende aus. Er kann sich auf das konzentrieren, was er sucht; wenn er die Wellenlänge des gesuchten Gegenstandes kennt, kann er aber auch seine Wünschelrute, die mit einer Skala versehen ist, darauf abstimmen.

Mit dem *Pendel* wird festgestellt, ob ein Stoff oder ein Wesen Yin oder Yang ist. Es handelt sich hierbei um einen unten spitz zulaufenden Gegenstand, der an einem Menschenhaar oder einem Faden aus Naturseide hängt, dessen Ende man zwischen Daumen und Zeigefinger festhält. Im allgemeinen zeigt es Yang durch Rechtsdrehung, Yin durch Linksdrehung (entgegen dem Uhrzeigersinn) an, wenn man es über einen Ort, eine Quelle, einen Stein, über Pflanzen, Tiere und Menschen oder eine Darstellung davon (Photo usw.) hält. Wenn man einen Gegenstand, z. B. ein Schmuckstück oder eine Uhr, die jemand trägt, untersucht, spricht das Pendel nicht nur auf den Stoff an, sondern auch auf die Ausstrahlung des Trägers, und was das Pendel anzeigt, bezieht sich immer auf das, worauf sich der Pendler konzentriert.

Mit einem Pendel kann man z. B. feststellen, ob ein Baum Yin oder Yang ist. Yin sind Haselstrauch, Eibe, Linde, Vogelbeere, Esche, Weißdorn, Fichte, Brombeere und Efeu. Dies sind anziehende Bäume, die die Yin-Erdkraft leiten und ausstrahlen. Man findet sie häufig an alten heiligen Orten, am Haus einer alten Frau (der Haselstrauch bei der Hütte von Rotkäppchens Großmutter). Fichte und Vogelbeere wurden von den alten Kelten verehrt. Dornige Yin-Sträucher wie die Brombeere (der brennende Dornbusch) und Weißdorn (Glastonbury) umgaben zu allen Zeiten heilige Orte. Stechpalme und Efeu wachsen bevorzugt an Orten, an denen das Kräftegleichgewicht gestört ist, und sie stellen die Harmonie wieder her.

## FENG SHUI

Im alten China mußte jeder, der etwas erbauen oder aufstellen wollte, einen Pendler oder Geomanten kommen lassen, der nach der Wissenschaft von der Erde und ihren Kräften *(Feng shui)* den richtigen Ort bestimmte. Er arbeitete mit einem großen Kompaß, auf dem viele Kraftlinien angegeben waren. Ein Haus z. B. mußte hinsichtlich der Windrichtung, des Höhenunterschieds, der unter- und überirdischen Wasserläufe usw. an der richtigen Stelle gebaut werden. Die Rückseite sollte von einer Anhöhe im Nor-

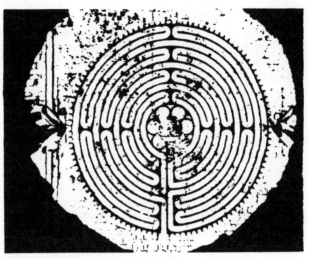

Draufsicht auf das Labyrinth der Kathedrale von Chartres.
Es hatte einen Durchmesser von dreizehn Metern.
In der Mitte befand sich eine Minotaurus-Figur.

den geschützt sein, und an der Frontseite sollte möglichst Wasser liegen; eine Lage in einem Schnittpunkt von Erdlinien (Straßen) war ungünstig, günstig dagegen eine Flußbiegung, usw. Man wußte genau, welche Folgen ein schlecht gewählter Bauplatz hatte. Niemals durfte ein Haus auf einer Kraftlinie errichtet werden; hier kann nur jemand gedeihen, bei dem ein großer Mangel vorliegt, der durch diese Kraft gerade ausgeglichen wird. Eine zu hohe Aufladung ist ebenso schädlich wie eine zu niedrige; es muß ein Gleichgewicht angestrebt werden.

Man muß klären, welche Kraft in dem Gebäude, das man errichten will, am nötigsten ist, d. h. verbraucht werden kann. Für ein Wohnhaus ist etwas anderes erforderlich als für eine Grabstätte, eine Werkstatt, eine Schule, einen Palast, ein Krankenhaus, ein Standbild. Für das Anlegen eines Gartens, einer Obstplantage, eines Ackers bestehen wieder andere Forderungen. Direkt auf einer Kraftlinie gedeihen Pflanzen in der Regel nicht, sondern nur daneben. Auf der Linie verläuft dann meist auch ein unbewachsener Weg. Daneben findet man Hecken.

Mit den heiligen Orten *(Wallfahrtsorten)* verhält es sich so, daß Yang-Orte den Schwachen Lebenskraft geben, während Yin-Orte die Seele erheben, Inspiration und Visionen hervorbringen. An jedem Ort werden genau diejenigen Körperorgane und die dazugehörigen seelischen Leiden geheilt, die zu dem Tierkreiszeichen gehören, das an diesem Ort regiert. Ein Astrologe kann dies unschwer erkennen. Eine heilige Quelle an einem Stier-Ort führt Wasser, das Augen- und Halsleiden sowie Liebeskummer heilen kann.

Heilige Orte über verdeckten Quellen, d. h. auf Kraftspiralen, sind stets durch heilige Linien oder Kraftlinien miteinander verbunden, auf denen Wege von Elfen oder Menschen entstanden sind. Wer ein Haus so baut, daß eine Kraftlinie hindurchläuft, stört auch die Elfen, und dies führt dann meist zu einer Serie von Unfällen, die die behinderten Wesen über die Bewohner kommen lassen. Wenn man den betreffenden Teil des Hauses abbricht, ist die Bahn frei, und die Unglücksfälle hören auf. Bei den Kelten waren die Straßen der Göttin Helene geweiht und standen unter ihrem Schutz. In Amsterdam gab es schon vor dem sogenannten Mirakel von Amsterdam den Heiligenweg, der in der Form des Buchstabens A einen heiligen Ort mit Quelle umschloß, aus der später das türkische Bad entstand.

## PILGERWEGE

Pilgerwege verlaufen über Yin-Kraftlinien und wirken daher reinigend und seelenerhebend. Wenn die Pilger ihr Ziel, den heiligen Ort, erreichen, sind sie meist schon geheilt. Dies wird bewirkt durch die Kraft aus der Erde, aber auch durch das gesunde Barfußlaufen, das die Durchblutung anregt, durch die Bewegung in frischer Luft, die reinigt und kräftigt, durch das Singen von Liedern, wobei Unreinheiten ausgeatmet werden, durch die Einschränkung der Nahrungsaufnahme oder das vollkommene Fasten und vor allem dadurch, daß man barfuß über Wald und Feld, über die Erde selbst läuft und durch Bäche watet, wodurch alle Krankheitsstoffe über die Fußsohlen abgesaugt werden, denn Erde und Wasser sind anziehende Elemente.

An den Wallfahrtswegen, die manchmal auch in einer Spirale auf den höchsten Punkt eines heiligen Hügels führen (heilig aufgrund der Strahlung, wobei das ursprüngliche Heiligtum von der christlichen Kirche meist durch eine Kapelle ersetzt wurde), stehen häufig Bildstöcke oder überdachte Marienstatuen oder auch kleine Feldkapellen, an denen der vorbeiziehende Pilger ein Gebet spricht. Ein Beispiel hierfür ist etwa *Arbre-Fontaine* in den belgischen Ardennen mit einer heiligen Quelle und einem heiligen Baum, wie der Name schon sagt, heute ein Weg, der an Betsäulen vorbei zu einer Kapelle auf einer Anhöhe führt. In Prag

Die Anwendung des Feng Shui-Kompasses in der Ching-Dynastie.

gibt es einen solchen Hügel, der heute in einen öffentlichen Park umgewandelt wurde. In Österreich gibt es viele reizvolle Pilgerwege, die an Bergbächen nach oben führen. Die Marienstatuen sind im Grunde Darstellungen der Nixe, der ätherischen Hüterin von Quelle und Bach.

## FRAUENBURGEN

Viele Yin-Wege laufen sternförmig an heiligen Hügeln zusammen, auf denen Frauenburgen *(Trojaburgen)* standen. Diese wurden über dem Schnittpunkt von Kraftlinien erbaut und waren von weisen Frauen bewohnt, die eine ständige Verbindung zwischen Himmel und Erde, kosmischen und irdischen Kräften herstellten. Ihre Führerin war die Stellvertreterin der Göttin des Gebiets, deren Heiligtum sie hütete und von der sie Eingebungen empfing. Ihre Helferinnen und Schülerinnen unterrichteten die jungen Mädchen, die hier ausgebildet und erzogen wurden, gingen hinaus, um Sterbenden beizustehen, Kranke zu heilen, Kräuter in Wald und Feld zu sammeln und sich mit den Naturwesen zu beraten. Sie stiegen nachts auf aus Holz oder Stein errichtete Türme, um die Sterne zu befragen, machten Horoskope, schrieben Chroniken, sangen miteinander und führten Runenübungen und allerlei heilige Handlungen aus.

Die oberste weise Frau oder *Hagedessa* regierte im Namen der Göttin das Land oder das Gebiet, schlichtete Streitigkeiten und löste Probleme, teilte bei heiligen Prozessionen den Segen der Fruchtbarkeit über die Felder aus und trug den Männern Aufgaben auf. Sie war es, die mit der Wünschelrute den Ort auswählte, an dem Zusammenkünfte stattfinden, ein Gebäude errichtet oder ein Grab ausgehoben werden sollte, wo ein Stück Land für den Ackerbau gerodet oder Holz für den Bau von Behausungen gefällt werden sollte. Ungünstige Bodenstrahlungen wurden immer vermieden.

## HÖHLEN

In Höhlen, noch dichter am Herzen von Mutter Erde, lebten die Wahrsagerinnen oder Orakelfrauen, die in die Zukunft blickten und deren Rat gesucht wurde, vor allem von denen, die die Beziehungen mit anderen Stämmen und Gruppen unterhielten. In diesen Höhlen gab es meist eine Quelle, und sie lagen an

Kreuzungspunkten von Kraftlinien und Wasseradern. (In alten Büchern sind die Hügel und Höhlen von weisen Frauen noch abgebildet; aus jüngerer Zeit etwa die Höhle von Mother Shipton in Knaresborough in Yorkshire, England, die im Jahre 1488 als Ursula Sontheil, Tochter einer weisen Frau und ihres ätherischen Liebhabers, geboren wurde. Sie lebte bei einer Quelle, deren Wasser alles, was in sie geworfen wurde, versteinerte. Alle ihre Vorhersagen, unter anderem hinsichtlich der automatischen Fortbewegung, des Flugzeugs und des Telegraphs haben sich bisher erfüllt. (Das Ende der Welt sagte sie für das Jahr 1991 voraus). Sie starb genau an dem Tag, den sie seit langem vorhergesagt hatte, im Alter von 73 Jahren. Die Orakel waren meist schwer verstandesmäßig zu deuten. Man mußte sie intuitiv begreifen. (Als das Patriarchat aufkam und der Verstand größeres Gewicht bekam als die Intuition, sahen sie sich gezwungen, zu Hilfsmitteln zu greifen, wie z. B. dem Entzünden von Räucherwerk oder dem Kauen von Lorbeer- oder anderen Blättern). In Höhlen fanden auch heilige Handlungen auf Anweisung der Erdgöttin statt. Später gestaltete man sie auch als Statue, die aus schwarzem Holz geschnitzt war und auf einem Altar Opfer entgegennahm. Zeugnisse hiervon findet man noch überall, wo eine *schwarze Madonna* verehrt wird, z. B. in Le Puy en Velay in Frankreich. Sie ist das Bildnis der lebenden Kraft der Erde, analog zu der in der Menschenseele verdrängten (und deshalb schwarzen) Intuition.

## FIEBERBÄUME

Ein *Fieberbaum*, wovon noch ein Exemplar in Brabant steht und der in ganz Europa vorkommt, ist ein lebenskräftiger Baum, vorzugsweise eine Eiche, die irgendwo auf dem freien Feld steht und an dessen Zweigen man Tücher im Wind flattern sieht. Dabei handelt es sich um vom Hemd oder dem Bettuch eines Kranken abgerissene Fetzen, die unter Hersagen eines Spruchs an den Zweigen des Baums festgebunden wurden. Damit bringt man seine Bitte an den Baumgeist zum Ausdruck, daß er den Kranken wieder zu Kräften kommen lassen möge. Dies ist keineswegs unsinnig, denn alle Ausscheidungen eines Menschenkörpers bleiben auf ätherischem Wege mit ihm verbunden, und deshalb ist der Schweiß des Kranken in diesem Stück Stoff ein Verbindungsglied mit dem Baum. Mensch und Baum sind deshalb in einem gemeinsamen ätherischen Kraftfeld miteinander verbun-

Die Schwarze Madonna von Le Puy en Velay (Frankreich), die während der Revolution zerstört wurde, aber anhand von erhaltenen Abbildungen rekonstruiert werden konnte. Das Bildnis schenkte vermutlich Ludwig der Heilige im Jahre 1254 diesem berühmten Wallfahrtsort.

den. So kann die Ausstrahlung des Baums den Kranken auch in der Ferne erreichen. Ein kranker Baum kann in dieser Weise eine nicht geringe Zahl ihm anvertrauter Kranker heilen. Dabei handelte es sich nicht um eine Ausbeutung, sondern man nutzte damit früher die natürliche Wechselwirkung zwischen Baum und Mensch. Sehr viele natürliche Heilweisen beruhen auf diesem Prinzip der sogenannten *sympathischen Magie*. Bäume, die an einem heiligen Ort wachsen und durch die Erde und das Wasser einer Quelle gestärkt werden, schenken auf diese Weise dem Menschen, der sie darum ersucht, das Heil.

## WALDHEILIGTÜMER

*Waldheiligtümer*, die hinter dichtem Gestrüpp verborgen waren, verbreiteten eine magische Kraft um sich, so daß Räuber und Soldaten nicht zu ihnen vordringen konnten. Einsame Wanderer dagegen, die in guter Absicht kamen, wurden durch Träume, Visionen oder Eingebungen dorthin geleitet, um guten Rat, ein Nachtlager oder Wegleitung zu erhalten.

Weil die Bevölkerung der Spur unter ihren Füßen weiterhin gefühlsmäßig zum heiligen Ort folgte, wurden viele dieser Orte christianisiert. Die Götterbilder wurden von der christlichen Kirche begraben, die Altäre vernichtet oder unter einem anderen Namen für den eigenen Gottesdienst gebraucht, losgelöst von Sternenwelt und Erde, während eine Lehre, die den Zwiespalt von Gut und Böse und eine verstandesmäßig geordnete Geschichte verkündete, die natürliche Ordnung und die diesbezüglich vorhandene Weisheit ersetzen mußte.

## GESCHÄFTSSTRASSEN

Als der Mensch begann, Städte zu bauen, ging er so vor, daß er an einem heiligen Ort einen offenen Kreis in den vier Windrichtungen mit Gebäuden aus Holz oder Naturstein umgab. Der Kreis war das Bild für das Ausstrahlungsfeld der Sonne und das umschriebene Quadrat das Bild der stofflichen Erde. So gründete man eine Stadt als Ort der heiligen Ehe zwischen Sonne und Erde. Das Haus des Königs (oder Bürgermeisters), der die Sonne repräsentieren mußte, stand dort als erstes. Wenn es ein Zwillingsort war, wie dies etwa an der Stelle des heutigen London der Fall ist, dann zog er Händler an und wurde zu einem Zentrum des Tauschhandels. Viele Straßen, vor allem entlang Yang-Kraftlinien, schnitten sich an dieser Stelle (die Römer stellten an diesen Straßen Steinsäulen mit Hermesköpfen auf. Sie errichteten einen Tempel für die Zwillinge Kastor und Pollux, der von den Christen verwüstet wurde. Aus den Trümmern erbauten die Christen eine Kirche, die wiederum den beiden Personen Petrus und Paulus geweiht war, heute die St. Pauls-Kathedrale). Handwerk und

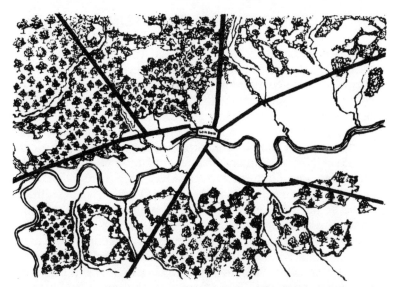

So hat Londinium (London) in den Anfangsjahren vermutlich ausgesehen, nachdem die römischen Besatzer die Brücke über die Themse gebaut hatten, jedoch noch vor der Errichtung der Verteidigungswälle rings um die Stadt.

Gewerbe kann nur gedeihen, wenn es sich an einem Ort niederläßt, der von seinem Tierkreiszeichen beherrscht wird. So entstanden in alten Städten die Straßen der Sandalenmacher, der Kleidermacher, der Ärzte, der Silberschmiede usw. ganz von selbst nach diesem Gesetz (man denke nur an den Nieuwe Zijds Voorburgwal in Amsterdam, wo bis zum Eingreifen des Staates alle Hermes-Betriebe niedergelassen waren: Die Presse, die Post, die Speditionen und Verkehrsbetriebe, der Briefmarkenhandel). Was an seinem richtigen Platz steht, erhält Kraft aus dem Himmel und der Erde und gedeiht deshalb auch. Was aus nebensächlichen Gründen an den falschen Ort kommt, kann sich nicht entwickeln und muß zugrundegehen.

Kultur entsteht durch (himmlische) Eingebung und (irdische) Ausgestaltung des kosmischen Musters. Sich dieses Prozesses bewußt sein, heißt Weisheit besitzen. Wenn das Band zwischen Himmel und Erde zerrissen wird, gibt es keine Schöpfung und Erlösung mehr; was bleibt, ist Imitation und Wiederholung, und die Folge ist eine Zivilisation, die sich selbst durch Mechanisierung den Lebensnerv raubt.

## AUFGERICHTETE PFÄHLE UND STEINE

Wir haben bereits erwähnt, daß man früher besonders stark strahlende Orte dadurch kennzeichnete, daß man einen länglich geformten Stein senkrecht aufstellte, den man unterirdisch durch zwei weitere Steine seitlich abstützte. Wenn man ein Haus oder einen Tempel bauen wollte, legte man den Bauplatz fest, indem man das Gelände mit der Wünschelrute oder dem geomantischen Kompaß abging. Dann untersuchte man die Verbindungslinie mit allen ihren Nebenströmen. Daraus ermittelte man, wie der Bau angeordnet werden mußte. Der Altar kam stets über einen Knotenpunkt, eine offene oder bedeckte Quelle. Man berechnete, wie die Sonne an ihren vier besonderen Tagen (Sommersonnenwende, Wintersonnenwende und den beiden Tag- und Nachtgleichen) beim Aufgang und beim Untergang durch ein Fenster in das Innere auf den Boden scheinen mußte. Dort stellte man einen Altar oder ein Bildnis auf. In heutigen christlichen Kirchen findet man an der Stelle, auf die die Sonne durch das runde Ostfenster hinter dem Chor am längsten Tag bei ihrem Aufgang auf den Boden scheint, ein kupfernes oder anderes Ornament, und an dieser Stelle wird an diesem Tag in der Frühmesse ein Opfer gebracht oder aus der Bibel gelesen. (Im ägyptischen Tempel des Sonnengottes Amon-Ra führte ein langer Säulengang zu der Stelle, an der der letzte Strahl der untergehenden Sonne am Tag der Sommersonnenwende auf den Boden fiel. Dort war das innerste Heiligtum). Wenn der Tempel einem Sterngeist geweiht war, zum Beispiel im Alten Ägypten dem Sirius, wurde diese Stelle durch seinen Aufgang festgelegt und ihm dort ein Bildnis errichtet, das dann manchmal das ganze übrige Jahr im Halbdunkel stand. Der Architekt zog eine Linie vom Stern zu diesem Ort.

An dieser Stelle wurde eine Säule errichtet, die das Bildnis der Sterngottheit trug. (In christlichen Kirchen findet man hier manchmal einen Schrein mit einer Reliquie des Heiligen, dem die Kirche geweiht ist). So wurden Himmel und Erde stets miteinander verbunden. Längs der Verbindungslinie stiegen die Gebete nach oben und gelangte die Antwort zurück zum Menschen.

## DER DRACHE

Wenn auf dem Baugelände kein natürlicher Endpunkt einer Kraftlinie vorhanden war, bannte man den Strom, in dem man einen eisernen Pfahl als sogenannten Unterbrecher in die Erde trieb. In der späteren Symbolik wurde hieraus der Speer, mit dem ein Held (Siegfried) oder ein Heiliger (Sankt Georg) oder ein Erzengel (Sankt Michael) einen Drachen durchbohrt. Der Drache ist nämlich stets ein Symbol für die Kraftlinie in der Erdkruste. In den Sagen bewacht der Drache einen Schatz oder eine Jungfrau, die ein Bild für die kosmische Kraft ist. Wenn man seinen Körper durchbohrt, wird die Kraft für den Menschen fruchtbar. (Der Held wälzt sich im Drachenblut und wird dadurch unverwundbar. In der Tat kann der, den die kosmische Allkraft durchströmt, nicht vernichtet werden).

Sankt Georg tötet den Drachen. Ein Tympanon (Frauenkirche, Esslingen).

Man sagt, daß der Drache Eisen haßt, aber Edelsteine liebt. Die keltischen Druiden (geistliche Führer) verboten daher auch den Gebrauch des Eisens. Sie hatten kein Energieproblem, weil sie das Leben auf die kosmische Kraft und ihre Bahnen abstimmten. Die Edelsteine wurden benutzt, um die Kraft des Drachen in ihnen zu konzentrieren, vor allem der Quarz (in den alten Heiligtümern im irischen Boyne-Tal findet man auf den Grabhügeln Quarzsplitter). Man hat mit gutem Erfolg auch Feuerstein (Flint), Jaspis und Amethyst in dieser Weise angewandt. Deshalb ziert auch ein Amethyst den Bischofsring. Auf einen Altar gehören Amethyst und Bergkristall. (Der Drache in dem Buch »Der kleine Hobbit« und in anderen Erzählungen liegt auch auf einem Haufen Edelsteine).

Auch die Chinesen meinen mit ihrem Drachen die große, allgegenwärtige, kosmische Kraft, und die Kraftlinien durch die Erdkruste heißen bei ihnen *Drachenlinien*. In allen alten Drachenerzählungen speit der Drache Feuer. Das ist die Kraft, die durch sein Maul wieder heraus muß: Der Kraftstrom muß fließen. Wenn man dessen horizontalen Lauf hemmt, steigt er nach oben. Dort muß er aber wieder weitergeleitet und aufgenommen werden. Dies tun in den Heiligtümern all die Schwachen und Trauernden, die am Altar durch das Gebet Kraft aufnehmen. Die Darbringung eines Opfers dient dazu, sich selbst leer zu machen, um die Kraft auffangen zu können. Rituale wie die Heilige Messe dienen dazu, die Kraft zu verteilen, und zwar in Gestalt der Oblate, die jeder empfangen kann, und des Abendmahlweins in der protestantischen Kirche.

Die Chinesen sahen den Drachen auch in einer Kraftlinie am Himmel verkörpert, der Mondbahn, die die Sonnenbahn in zwei Punkten schneidet. Deshalb nennt man in der Astrologie auch den nördlichen Mondknoten, an dem die Mondbahn aufsteigend ist, den Drachenkopf, und den südlichen Mondknoten den Drachenschwanz. Im Horoskop eines Menschen zeigt der Drachenschwanz das vorige Leben und dessen Ende an, während der Drachenkopf die Aufgabe für das heutige Erdenleben angibt. Sie liegen im Tierkreis einander gegenüber, was bedeutet, daß der Mensch, der an seinem Lebensbeginn seine alten Gewohnheiten und Verhaltensweisen wieder aufnimmt, durch das Gesetz des Schicksals zu deren Gegenteil getrieben wird, um dasjenige noch zu lernen, was er jetzt noch nicht kann. Jede Einseitigkeit wird mit Hilfe ihres Gegenteils ins Gleichgewicht gebracht. Der Drachenkopf ist positiv, und der Schwanz negativ, so daß man auch in der Erdachse einen Drachen sehen kann, dessen Kopf am Nordpol liegt.

Alles ist analog: Die Achse des Tierkreises (zwischen zwei einander gegenüberliegenden Zeichen) ist die Achse unseres Sonnensystems, die Achse der Erde, die Achse der menschlichen Gestalt und des Baums.

Diese Achse wurde von unseren Ahnen u. a. durch den Mittelpfahl des Wohnzelts (die Jurte der Samojeden usw.) oder des Holzhauses nachgebildet. Das erste, was aufgerichtet wurde, war dieser Pfahl (eine Analogie zur Wirbelsäule des Menschen), der etwas schräg nach Norden ausgerichtet wurde und an dessen

Spitze man als Sinnbild für den Polarstern ein Stück Bergkristall befestigte. Hierbei handelt es sich meist um einen Birkenstamm. Er hat sich bis heute in Gestalt des Maibaums oder des Christbaums erhalten.

## DIE KRAFT, DINGE VERSCHWINDEN ZU LASSEN

Der Drachenkopf ist die Spitze des sechskantigen Bergkristalls, und die Atlanter hatten entdeckt, wie diese Spitze die Urkraft ausspeit. Wo Energie benötigt wurde, erzeugten sie diese mit einem großen Kristall. Als ihr Kontinent im Atlantischen Ozean verschwand, sank auch ein großes Laboratorium mit einem solchen Riesenkristall auf den Grund der Karibik. Dort befindet sich heute das sogenannte Bermuda-Dreieck. Der Kraftstrom aus der Spitze dieses Kristalls hält unvermindert an, wird aber heute nicht mehr abgenommen. Ab einer bestimmten Intensität wirkt diese Kraft dematerialisierend, d. h. sie bewirkt einen Übergang in eine höhere Dimension. Ein Schiff oder ein Flugzeug, das diese Kraftsäule über dem versunkenen Kristall passiert, wird unsichtbar und verschwindet. Es besteht aber in ätherischer Form mitsamt der Besatzung fort.

In den Anfangsjahren der Funktechnik gebrauchte man ebenfalls kleine Kristalle. Wenn man die Kraft des Kristalls, die Urkraft also, wieder in großem Maßstab einsetzen würde, könnte man auf die Kernspaltung verzichten!

Es gibt Orte auf der Erde, an denen diese Dematerialisierungskraft gewissermaßen durch Lecks in den Kraftlinien entweicht. Dies kommt z. B. in Irland vor, wo man vom »Verirrungsstein« spricht, auf den man unabsichtlich tritt. Der Mensch kann sich dann nicht mehr orientieren und verläuft sich, manchmal ganz in der Nähe seines Hauses. Dasselbe kann man auch bei Menschen mit einem Hirntumor beobachten. Beides hat die gleiche Ursache: Eine zu starke Konzentration der Urkraft. Diese kann übrigens auch bewußt erzeugt werden, um die Schwerkraft aufzuheben (das Schweben von Heiligen, Levitationen von Schülern der transzendentalen Meditation, das Fliegen tibetanischer reisender Mönche, das Unsichtbarwerden durch das Aufsetzen der Tarnkappe, das Reisen indischer Meister in entmaterialisiertem Zustand mit Rematerialisierung am Zielort). Die Aztekenkönige im alten Mexiko fuhren auf einer goldenen Scheibe durch die Luft, die alten Araber auf einem fliegenden Teppich. Auch diese Technik hat man wieder entdeckt.

Es wird auch von einem Ort berichtet, an dem ein Mann sich nicht nur verirrte, sondern, bei einem Abendspaziergang mit Frau und Tochter, überhaupt verschwand. Seine Stimme war eine Weile noch wie aus weiter Ferne zu vernehmen. Die Tochter hatte an dieser Stelle später noch ab und zu mit ihrem Vater wie mit dem Geist eines Verstorbenen Kontakt. Als die Frau starb, hörte die Tochter an dieser Stelle eine Stimme sagen: »Endlich wieder vereint!«.

Dies sind Beispiele für das ungezügelte Wirken der Drachenkraft. Der Mensch muß sie beherrschen und in rechter Weise gebrauchen.

Unsere fernen Ahnen benutzten sie z. B. zum Transport der gewaltigen Steinblöcke, mit denen sie Steinkreise, Tempel und Burgen errichteten (man denke etwa an die Fundamente ihrer Ruinen auf den Inseln im Stillen Ozean). Der Forscher Oberst Fawcett entdeckte dies in Südamerika.

An den Orten, an denen die Kraft spiralförmig nach oben steigt (d. h. an einer verdeckten Quelle), zeigt sich ihr Vorhandensein an bestimmten Erscheinungsbildern in der Natur. Die meisten Pflanzen können dort nicht wachsen. Bestimmte Tierarten, die sich durch die sogenannten Erdstrahlen angezogen fühlen, treten dort dagegen bevorzugt auf, z. B. Ameisen. Diese beziehen ihre unerschöpfliche Arbeitskraft aus der Bodenstrahlung. In vielen Naturschutzgebieten hat man in bester Absicht die Ameisenhaufen im Wald mit Drahtgitter überzogen, um die Tiere vor Wanderern und Spaziergängern zu schützen. Dies muß sich aber auf diese Ameisen genauso katastrophal auswirken wie die Häuser aus Stahlbeton auf ihre Bewohner: Sie sitzen in einem *Faradayschen Käfig*, haben keine Möglichkeit, mit der Umgebung in einen Austausch zu treten und laufen dadurch Gefahr, an Krebs zu erkranken. An einem solchen Ort kann man sich auch leicht entmaterialisieren und sofort in einer anderen Gestalt wieder materialisieren, d. h. *metamorphosieren*. Deshalb begeben sich in Südafrika die Leopardenmänner auf einen Termitenhaufen, um sich dort in einen Leoparden zu verwandeln und in dieser Gestalt an Feinden Rache zu nehmen, vielleicht sogar jemanden zu ermorden. In Europa sind dies die Werwölfe, die es bis vor kurzem noch gab oder vielleicht sogar noch gibt. Hierbei handelt es sich ursprünglich um ein religiöses Ritual für das Stammestier oder Totemtier, das in Familien- und Länderwappen dargestellt wird.

Früher ließ man solche gefährlichen Orte brachliegen und verbot dort den Kindern den Aufenthalt. Heute baut man aber überall Häuser und Straßen. Eine der Folgen davon ist die hohe Zahl der Verkehrsunfälle.

Untersuchungen haben ergeben, daß bei Autofahrern, die von der Fahrbahn abgekommen sind, häufig eine Stockung des Bewußtseinsstroms eingetreten ist, so daß es ihnen nicht mehr gelang, rechtzeitig zu bremsen. Dies geschieht immer wieder auf sogenannten »Todesstrecken«, obwohl dort klare Sicht herrscht. Man kann die erhöhte Kraft dort sogar fühlen. Jemand, der am Morgen an einer solchen Stelle vorbeikam und beinahe einen Zusammenstoß gehabt hatte, dachte sich: »Hier wird bald noch einmal ein Unglück geschehen«. Als er abends an der gleichen Stelle wieder entlangfuhr, hatte sich dort ein schwerer Unfall ereignet.

In großen Parks und Gärtnereien gibt es Stellen, an denen keine Pflanze gedeihen will. Manchmal sieht man auf einer Wiese Bahnen, z. B. ein Kreuz aus zwei senkrechten Linien, auf denen das Gras nicht wachsen will. Darunter befindet sich dann eine Kreuzung von Yang-Kraftlinien. Es kommt auch vor, daß Pilze im Kreise stehen und einen sogenannten Hexenring bilden. Pilze wachsen an plutonischen Orten, wo die Erdkraft stark ist und die Auflösung, die Entmaterialisierung fördert. Dort verläuft dann ein Yin-Strom.

So ist es kein Wunder, daß man Heiligtümer und Kirchen vorzugsweise über Konzentrationen von Yin-Kraft errichtet, denn diese erhebt die Seele zum Himmel. Das kann aber auch zu schnell gehen: In einem deutschen Nonnenkloster starben viele junge Schwestern nach wenigen Jahren. Sobald man Entstrahlungsapparate angebracht hatte, die die Kraft auffingen und nach draußen ableiteten, blieben dort alle gesund. In den Kirchen befinden sich die Plätze der Mönche auf Yinstellen; man wird dort schläfrig. Über einer Yang-Ader dagegen kann sich der Stoff gerade nicht auflösen. Dort werden die Leichen von Menschen und Tieren von der Natur *mumifiziert;* sie trocknen aus und bleiben jahrhundertelang erhalten (wie z. B. in dem friesischen Ort Wieuwerd). In der römisch-katholischen Kirche glaubt man, daß das Nicht-Zerfallen eines Leichnams auf die Heiligkeit des Begrabenen hinweist. Wenn auf Drängen von Verehrern des Verstorbenen der Sarg nach dreißig Jahren ausgegraben wird und es sich zeigt, daß der Leichnam nicht zerfallen ist, dann schreibt man dies der Kraft der Heiligkeit zu, und nicht selten wird der Betreffende dann auch heiliggesprochen (z. B. Bernadette de Soubirous). Das kann aber auch an der Kraft im Boden der Grabesstätte liegen, und es ist doch auch so, daß die Seele des Verstorbe-

Die mumifizierten Leichname in der Kirche des friesischen Ortes Wiewerd.

nen durch diese Mumifizierung eher noch mehr an die Erde gebunden bleibt.

Ungenutzte Yang-Kraft der Erde, die keine Abflußmöglichkeit findet, kann zu Warzen und Geschwüren (plutonische Wachstums- und Aufbaukraft), zu *Krebs* und *Verbrechertum* führen. In Mietblocks aus armiertem Beton, der nicht atmen kann und der durch das darin befindliche Eisen den Drachen zurückhält und aufstaut, entsteht beides. Der Yang-Strom wirkt nach außen und führt zu Gewalttätigkeit, woraufhin man den Übeltäter in eine psychiatrische Anstalt bringt und chemisch sediert. Yin-Kraft, die nicht abgeleitet wird, führt zu Depressionen, Lebensmüdigkeit und Selbstmord aus Verzweiflung und Lebensüberdruß. Sie führt sogar zu Besessenheit durch die Übermacht der plutonischen Typen unter den Menschen, die, auch wenn sie im Beton eingeschlossen sind, mit schwarzer Magie experimentieren, um ihre überschüssige Kraft loszuwerden. In der Stadt Glasgow brachte man die Bewohner der Elendsviertel, die abgerissen werden sollten, in Neubauwohnungen unter. Dort wurden aus den erst freundlichen und normalen Menschen Nervenkranke und Kriminelle; die Verhältnisse waren so schlimm, daß sich weder Ärzte noch Sanitäter noch Polizei mehr dorthin wagten. Man sagte durchs Telefon: Bringen sie den Kranken auf die Straße heraus, dann holen wir ihn ab.

So sind die schlimmen Zustände in den heutigen Großstädten des Westens auf die Unwissenheit der westlichen Wissenschaft bezüglich der Erdkräfte und -ströme zurückzuführen, während die Menschen des Altertums hierüber genau Bescheid wußten. Die hochmütige Mißachtung aller alten Weisheit in der Phase des einseitigen Rationalismus (der zweiten Phase) hat schon fast zur Selbstausrottung der Menschheit geführt. Nun, im buchstäblich letzten Augenblick, inkarnieren sich die Alten, um aus dem Unterbewußtsein des westlichen Menschen das verdrängte Wissen wieder an die Oberfläche zu bringen.

## ERDSTRAHLEN UND KREBS

Man weiß schon seit einem Jahrhundert, daß Häuser, die auf Strahlen stehen, Krebshäuser sind. Erdstrahlen entstehen über sich kreuzenden unterirdischen Wasseradern und rufen eine senkrechte Säule von elektrischen Schwingungen hervor. Die Bauern wissen, daß ihr Vieh an einer solchen Stelle nicht liegen will; Schweine z. B. tragen ihr Stroh in eine andere Ecke des Stalls. Manche wilden Tiere halten sich wiederum bevorzugt über Erdstrahlen auf, wie z. B. Ameisen, Eulen und Katzen. Bei den Menschen gibt es ebenfalls diese zwei entgegengesetzten Typen: passive, gemächliche, in geordnetem Schlendrian lebende Menschen werden über Erdstrahlen unruhig und bekommen dort auf die Dauer Krankheiten wie Krebs. Sehr aktive Menschen dagegen, die immer beschäftigt und voller Pläne sind, fühlen sich an einem solchen Ort pudelwohl. Ein solcher Ort erhält durch die allgegenwärtige kosmische Kraft, die dort durch Erde und Wasser gegangen ist, ein besonders hohes elektrisches Potential. Wer diese Kraft durch seinen Körper, Ätherleib und seine Seele leiten kann, wer sie kanalisieren und in seinem Wirken nach außen benutzen kann, lebt dadurch intensiver. Er kann schöpferisch tätig sein oder diese Kraft in Denken und Weisheit umsetzen. Die Ameise bezieht hieraus ihre unermüdliche Arbeitskraft. Manche Arten gebrauchen diese Kraft für den Kampf: Sie gehen auf Raubzüge und kriegerische Überfälle aus. An ihrem Wohnort, an dem sie ihren Bau errichtet haben, bleibt sogar noch Energie übrig. Diese wird z. B. in Afrika von den Männern genutzt, die sich von Zeit zu Zeit in Leoparden verwandeln und in dieser Gestalt nachts einen Feind ermorden, der dann das Opfer eines echten Leoparden geworden zu sein scheint. Der Ort, an dem sie ihre Gestalt verändern, muß ein Ort sein, an dem weiße Ameisen (Termiten) leben, d. h. ein Ort mit starker Erdstrahlung. Dies ist auch für andere magische Handlungen erforderlich.

Die Katze und die Eule sind philosophische Tiere und schöpfen aus dieser Kraft ihre Fähigkeit, Würde und Weisheit.

Nur der Mensch und sein Vieh scheinen im allgemeinen diese gesteigerte Kraft nicht in schöpferisches Wirken oder Denken umsetzen zu können.

Der Mensch zieht angstvoll seinen Organismus zusammen, hemmt dadurch den Lebensstrom in seinem ätherischen und stofflichen Leib, wird geschwächt und verkrampft und kommt dann auf Krücken zu der heiligen Quelle gehumpelt, um dort Heilkraft, die seine Verkrampfungen lösen kann, in sich aufzunehmen.

Es ist doch auffallend, daß unsere weisen Vorväter die allermeisten Heiligtümer auf Orten mit Erdstrahlen und einer natürlichen Quelle erbauten. Der Aufenthalt in diesen Heiligtümern schenkte den Besuchern Lebenskraft für den Leib und Trost für die Seele, ja auch Erleuchtung des Geistes, denn Pluto ist auf dieser Ebene der Heilige Geist, die unwiderstehliche Kraft, die die dafür offene Seele mit Inspiration erfüllt, mit der Stimme Gottes, und damit alle Probleme, Schuldgefühle und Hemmungen für immer vertreibt. Die sogenannten Erdstrahlen können also dem Menschen durchaus auch zum Vorteil gereichen.

Ob sie letztlich auf einen Menschen positiv oder negativ wirken, hängt in erster Linie mit der seelischen Einstellung des Betreffenden und in zweiter Linie auch weitgehend von den Materialien ab, aus denen das Haus über den Erdstrahlen gebaut ist. Wenn es sich bei letzterem um gut leitende, natürliche Baustoffe handelt, können sie die Energie, die nicht von den Bewohnern des Hauses aufgenommen wird, in alle Richtungen zerstreuen. Künstliche Baustoffe wie z. B. Eisenbeton können die Bewohner des Hauses durch die Strahlungen, die durch die Wasserleitungen und Kanalrohre eindringen, regelrecht einschließen.

Wie vermögen nun die Bewohner darauf zu reagieren? Wenn sie die Erdstrahlen aufnehmen, kanalisieren und verwerten können, dann steigert die Strahlung ihre Energie auf die höchste Ebene ihres Wesens, die hierfür offen ist. Wenn jedoch zwischen den verschiedenen Ebenen ihres Wesens Blockierungen liegen, dann prallt die Strahlung an der ersten Blockierung von unten ab. Wenn sie nirgendwo abfließen kann, dann wütet und wuchert sie gegen dieses Hindernis. Da aber unaufhörlich Energie zugeführt wird, beginnt die Kraft dann von sich aus auf dieser Ebene Formen zu schaffen.

Wenn bei einem Bewohner die erste Blockierung zwischen Leib und Seele liegt, wird dem Körper eine gewaltige Energie zugeführt, die dann eine solche Spannung erzeugt, daß man sie durch Sport, Krieg, Wutausbrüche, Zerstörung oder Krankheiten löst. Die plutonische Schöpfungskraft greift die vorhandenen körperlichen Baumaterialien an und erzeugt hieraus eine einzige Form: Geschwüre, Tumore, Myome, Gebärmuttergeschwulste, Polypen usw.

Krebs tritt auf, vielleicht zunächst nur als Warze an der Körperoberfläche. Das Körper-Ich, dem der Zugang zur Seele verwehrt wird, findet dann keinen anderen Weg.

Wie ein Hund gerne seinem Herrn dienen und gehorchen will, so will das Körper-Ich gerne der Seele dienen und gehorchen und den von ihr ausgehenden Mustern eine stoffliche Form geben. Von der Seele ausgesandte Gifte, Ängste und Begierden werden mit der Kraft aufgeladen und in gewissem Umfang verstofflicht. So erzeugt der Mensch selbst die primitiven Wesen, die auf der Ebene des Leibes eine Lebensform annehmen, vernunftlos zwar, aber sich fortbewegend und die Kraft, mit der sie geladen sind, irgendwo anwendend. So entstehen Viren, Poltergeister und Sexteufelchen. Hellsichtige nehmen sie wahr, auch kranke Kinder mit hohem Fieber. Sowohl die Krebsgeschwüre als auch die Dämonen, die heute so viele Menschen plagen, sind also Lebensformen, die aus einer Zwangslage entstehen, weil die Kraft, die sie belebt, keinen Kanal, keinen Ausweg zu einer höheren Ebene findet.

Menschen, die auf Erdstrahlung wohnen, können natürlich, so weit möglich, die Strahlung durch einen isolierenden Bodenbelag abhalten oder mit einem speziellen Gerät, mit Kupferringen oder ähnlichem ableiten. Am wichtigsten aber ist es, sich selbst in einen besseren Leiter für die plutonische Kraft zu verwandeln, d. h. also vor allem die Blockierung zwischen Seele und Leib aufzugeben. Diesem Zweck dienen auch all die therapeutischen Einrichtungen, die heute wie Pilze aus dem Boden schießen. Dort lernt man, auf die Stimme seines Körpers zu hören, seine Mitteilungen und Warnungen ernst zu nehmen und die Kraft (Mana, Chi, Prana) in die Seelenkanäle des Denkens, Fühlens und Wollens aufzusaugen, um die guten Muster, die darin liegen, durch seiner Hände Arbeit zu verwirklichen. So strömt die Kraft, von der Menschenseele transformiert, schaffend in Formen ein, von der Seele zum Stoff, sei es nun Spiel, Arbeit oder Kunst. Es ist stets der gleiche Prozeß des Schaffens, wie man ihn auch nennen will. Das Seelen-Ich muß dem untersten Ich im Körper Muster liefern, Anweisungen geben, Bilder (Vorstellungen) von dem Gewünschten nach unten schicken, um sein unteres Ich zum Mitarbeiter zu machen, anstatt es durch Vernachlässigung zur Last werden zu lassen. So kann man Krebs vorbeugen und dazu noch ein schöpferischer Mensch werden, der es als Glück empfindet, daß er auf Erdstrahlen, d. h. also an einem heiligen Ort wohnt.

An strahlungsfreien Orten bekommt man natürlich keinen Krebs, aber auch keine zusätzliche Energie, durch die man etwas Besonderes leisten kann. Dort muß man z. B. wieder Yoga treiben, um mit viel Mühe die Kraft aus dem Erdboden zu ziehen, die man dann transformieren kann.

Erdstrahlen sind also erhöhte Schwingungen der Lebenskraft, die auf den tierischen und menschlichen Körper einwirken. Sie sind *belebend*, wenn sie durchgelassen und in Formen nach außen weitergegeben werden; sie sind dagegen *aufreizend* und *beunruhigend*, wenn sie nicht durchgelassen und gestaut werden. Wer eine Maschine sein will und den Schlendrian ganz bequem findet, kann davon krank werden. Wer die in den Erdstrahlen liegende erhöhte Empfindlichkeit nur in Seelenschmerz und Selbstmitleid fließen läßt, ohne den Schlendrian zu durchbrechen und sich zu erneuern, nützt die gebotene Gelegenheit nicht und macht so die Erdstrahlen, die helfen wollten, zu scheinbaren Feinden. Es kommt nur darauf an, was man daraus macht.

Ich selbst habe 21 Jahre lang an einem Ort mit starker Erdstrahlung gewohnt, und zwar in einem häßlichen, schlecht gebauten Haus mit isolierten Mauern, die nicht atmen konnten, ohne

Belüftungsmöglichkeit und Wänden aus dem schlechtesten Material, durch die der eisige Nordostwind einfach hindurchblies. Ich habe dort hart gearbeitet, wie eine Ameise, litt vorübergehend unter starkem Asthma, erlebte aber auch die herrlichste geistige Befeuerung und Inspiration. In den umliegenden Häusern gab es in drei Familien junge Mädchen, die Bettnässerinnen waren, Menschen mit chronischer Bronchitis und zwei Nachbarn mit Krebs sowie zwei Frauen, die in den Wechseljahren verrückt wurden und starben. Schräg gegenüber von mir wohnte ein Ehepaar, das nach den Regeln der Sieben-Tage-Adventisten lebte, wie ich Vegetarier, die trotz eines sehr kalten Hauses niemals krank waren. In einem Haus ihnen gegenüber lebten drei Kinder, die immer wieder krank wurden, wie es auch schon bei den Vormietern der Fall war; nachdem sie in eine belebte Straße weggezogen waren, bekamen sie nie mehr Halsentzündungen.

Durch sorgfältige Untersuchungen von Wünschelrutengängern hat sich gezeigt, daß die Häuser, in denen Menschen immer wieder an Krebs erkrankten (dies wußten die Untersucher nicht, aber es stellte sich später heraus), auf Erdstrahlung lagen. Unsere weisen Vorväter bauten an solchen Orten ihre Tempel, in denen sie Trost und Heilung empfingen und höhere Fähigkeiten entfalten konnten. Wenn uns Strahlen krank machen, dann liegt das nur an unserer Einstellung und unserem Verhalten. Wer leben und wachsen will, wer sich weiterentwickeln will, der nutze die Strahlung und betrachte die Krankheit als Herausforderung. Legen Sie Bequemlichkeit und Schlendrian, Verdrängung und ängstliche Verkrampfung ab, reinigen Sie sich, folgen Sie der Stimme ihres Herzens, wagen Sie es, anders zu leben! Dann verschwindet nicht nur die Krankheit, sondern Sie werden auch ein neuer Mensch. Wir haben die Wahl zwischen Untergang und dem Aufbau einer neuen Welt.

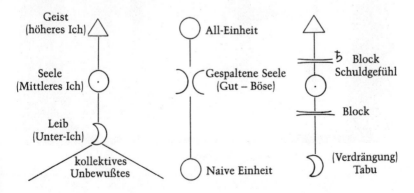

Menhir (Saint-Sernin-sur-Rance, Aveyron)

# Steine

## MENHIRE

Wir haben bereits erwähnt, daß man in früheren Zeiten Orte, an denen man eine starke Kraft aufsteigen fühlte, durch das Aufrichten eines langen Steins kennzeichnete. Später wurden diese Steine runder und schlanker und wurden schließlich zu Säulen und Pfeilern. Bei Pfeilern denkt man an Bäume, weshalb der oberste Teil, das Kapitell, häufig als gemeißeltes Blattwerk ausgeführt wurde. Ein spitz zulaufender Obelisk erinnert eher an einen Kristall. Rund auslaufende Säulen betrachtet man heute als phallische Symbole, und in der Bretagne z. B. lehnen sich kinderlose Frauen an solche Säulen, um fruchtbar zu werden. Der Maibaum, der oben einen Kranz trägt, symbolisiert den Koitus; er ist eine Ausformung des Prinzips des Langen und des Runden, wie auch Glocke und Klöppel, Mörser und Stößel.

Die Steine, die in der Keltenzeit oder vielleicht auch noch früher errichtet wurden, nennt man seit jeher *Menhire*. Wenn ein Menhir über einem Ort intensiver Kraft steht, dann saugt er diese Kraft nach oben; er ist bis zu seiner Spitze damit aufgeladen. Diese Ladung nannten die Römer das *Numen*, das gute oder schlechte Wirkungen haben konnte.

## DAS NUMEN

Das Numen ist die Aufladung mit kosmischer Kraft (elektrisch positiv oder magnetisch negativ), die einem Element (wie Erde, Wasser oder Luft) oder einem Lebewesen (einschließlich Steinen) eigen sein kann. (In der Psychologie gebraucht man heute dafür den polynesischen Audruck *Mana*). Geweihte Gegenstände, wie sie sich z. B. in der Zaubertrommel des Schamanen befinden, sind hoch mit Mana bzw. Numen aufgeladen. Getrocknetes Blut, Haupthaar, Knochen und Nägel eines toten Menschen oder Tiers tragen noch dessen Kraft. Darauf beruht auch die Wirkung der Reliquien von Heiligen.

Das Numen ist naturgegeben, jedoch kann es der Mensch schwächen oder verstärken. Es ist klar, daß eine Yang-Ladung durch die Anwesenheit eines Yin-Stoffs oder die Berührung damit verringert werden kann. So heißt es z. B. in den alttestamentlichen Vorschriften der Bibel, daß der Altarstein ein unbehauener Stein sein muß, der also nicht mit Eisen in Berührung gekommen ist, weil Eisen das Numen abzieht. Deshalb durfte sich auch der *Flamen Dialis*, der Hohepriester Jupiters bei den Römern, das Haar nur unter bestimmten Voraussetzungen mit einem gläsernen Messer schneiden. Das gleiche gilt für die Beschneidung der Knaben bei den Juden und vielen anderen Völkern. Die Haare des Menschen enthalten eine hohe Numen-Ladung; sie sind auch bei Mensch und Tier die Antennen, über die telepathische Schwingungen aufgenommen und ausgesandt werden, was insbesondere bei Katzen stark ausgeprägt ist. Solange ein Mensch sein Haar nicht schneidet, bleibt er mit der kosmischen Kraft geladen, die ihm in allen Wechselfällen helfen kann (wie Simson). Dies ist der tiefere Grund dafür, warum ein siegreicher Feldherr seinen Gefangenen zuallererst das Haupthaar scheren läßt. Auch das Hindurchführen unter einem Triumphbogen dient dem Zweck, das Numen abzustreifen, so wie man auch Kranke unter einem gebogenen Zweig hindurchzieht, um die Krankheit, d. h. das schädliche Numen, zu entfernen. Die Römer unterschieden verschiedene Arten und Qualitäten von Numen und waren bestrebt, Yang-Numen durch Umgang mit erfolgreichen Menschen aufzunehmen und Yin-Numen zu vermeiden, weil sie ganz und gar irdisch und diesseitig eingestellt waren. Eine vestalische Jungfrau, die erkrankte, wurde aus dem Tempel vertrieben, weil sie Yin-Numen hatte.

Bei den alten Völkern mußten *Eide* unter freiem Himmel geschworen werden; man hatte einen Erdklumpen auf dem Kopf oder berührte mit der Hand einen Stein, so daß man mit dem Numen von Luft, Erde und Stein geladen war.

Das Numen eines Priesters wurde Augus genannt und die Priester oder Auguren lasen die Zukunft aus dem Flug der Vögel oder den Eingeweiden von Opfertieren; darin erkannten sie das kosmische Muster des Augenblicks, wie dies ein Astrologe mit seinen Ephemeriden tun kann. Das Entziehen von Numen nannte man *Expiatio*, die Berührung mit Yin oder verunreinigendem Numen *Contagio inquinans*. Berührung mit Yin-Numen, wodurch man selbst Kraft verlor, hieß *Contagio enervans* und eine Berührung, bei der man unter die Gewalt des Numens eines anderen geriet, *Contagio usurpans*. Dinge oder Menschen, die mit Todeskraft geladen waren, bezeichnete man als *funestus*. Das Numen wird durch den Duft übertragen. Deshalb werden *Rauch*-

*opfer* dargebracht, die das gute Numen leiten und das schlechte vernichten (z. B. Weihrauch, Olibanum). Deshalb gibt es auch die *Dufttherapie*, bei der man die Essenzen von Duftkräutern einatmet, oder mit diesen eingerieben oder gebadet wird.

Was hoch mit Numen aufgeladen ist, schützt vor vielen Gefahren. In dieser Weise wirken z. B. geweihte Kreuze und *Skapuliere*, die die Soldaten im Krieg vor dem Tod bewahren und Natur- oder Kriegskatastrophen unbeschädigt überstehen lassen.

Grenzsteine wurden bei den Römern und anderen alten Völkern regelmäßig mit neuem Numen aufgeladen, um sie gegen das Versetzen zu stärken.

Steine wurden auch häufig mit Kräuterauszügen gesalbt. In Indien wird ein neues Götterbild aus Holz oder Stein von den Gläubigen selbst mit Numen aufgeladen, indem sie andächtig singen, tanzen und Sprüche hersagen, bis sich das Bild zu bewegen und die Augen zu glänzen beginnen. Diese Erscheinungen sind durchaus keine Wunschvorstellungen; sie ereignen sich tatsächlich, weil diese Menschen selbst das kosmische Numen anziehen, mit Liebe angereichert weitergeben und auf das Bildnis richten. So haben schon mehrmals tibetanische und andere Magier ein stoffliches Bild so mit Numen aufgeladen, daß es Befehle ausführte wie ein Roboter, der elektrisch angetrieben wird. (Numen, genauer der Yang-Typ des Numens, ist ja auch eine Art Elektrizität). So schuf Rabbi Löw in Prag seinen *Golem*. Die Französin Alexandra David-Neel lernte dasselbe in Tibet und schuf einen Mann, der von anderen für einen Menschen gehalten wurde. Dieser diente ihr anfänglich, wurde aber später zu selbständig. Es kostete sie enorme Mühe und Kraft, um ihm sein Numen wieder zu nehmen, d. h. ihn sterben zu lassen.

Die Weihe heiliger Orte wie Kirchen geschieht mittels der *Priesterweihe* in der apostolischen Nachfolge, und zwar mit *Weihwasser* aus Märzschnee oder -regen, der besonders stickstoffreich ist, damit er die jungen Pflanzen zum Keimen bringen und ihnen Gestalt verleihen kann (Yang-Numen). Dieses Numen kann daher auch in einem Haus, in dem es *spukt*, durch das Besprengen der Räume mit Weihwasser das Yin-Numen der Geister überwältigen.

Alle ätherischen Wesen sind nämlich Ying-geladen und können daher dem Menschen seine Lebenskraft (Yang-Numen) entziehen (ein junger Mann, der in Irland eine Woche lang von Elfen (fairies) festgehalten wurde, weil er ihre Burg (fairie-rath) betreten hatte, kam als alter Mann nach Hause zurück und starb wenig später).

Bei *spiritistischen Sitzungen* entziehen Geister den Anwesenden durch das Sonnengeflecht das Numen, um sich selbst materialisieren und mehr oder weniger sichtbar machen zu können. Das gleiche geschieht z. B. auch bei Totenmessen, bei denen viele Geister Verstorbener erscheinen und arglosen Kirchgängern den Tod bringen. Das Yang-Numen kann eine ätherische Gestalt schaffen, das sog. *Ektoplasma*, das im Halbdunkel sichtbar ist.

Zu intensives Yang-Numen kann Materie verbrennen, z. B. bei einem zu ausgedehnten Sonnenbad.

Das kosmische Numen wird wie die Elektrizität von spitzen Gegenständen angezogen, so wie ein Turm oder ein hoher Baum in einer Ebene den Blitz anzieht und wie die Stacheln von Pflanzen, z. B. an Kastanien, diese elektrisieren (deshalb sind Kastanien gut gegen die Yin-Krankheit Rheuma). Deshalb, und nicht nur gegen Eindringlinge, stehen an heiligen Orten dornentragende Sträucher wie Brombeeren. Die Warzen der Mutterbrust ziehen bei Mensch und Säugetier ebenfalls Numen an und laden den Säugling beim Trinken mit Kraft auf. Die gleiche Wirkung haben Kerzenflammen, über denen sich ein sehr starkes Kraftfeld ausbildet. Auch die Spitzen von Kristallen und Pyramiden saugen das kosmische Numen an und geben diese Kraft an andere Dinge weiter, die weniger stark geladen sind. Daher können heilige Orte, die ohnehin aus der Erdkruste aufgeladen werden, vom Menschen durch geeignete Maßnahmen der praktischen Magie noch weiter aufgeladen werden. Sie dienen den Menschen gewissermaßen als Sparkasse und Darlehensbank, die durch den Numen-Überschuß der frommen Gläubigen aufgeladen und durch den Numen-Mangel der Kranken und Unglücklichen wieder entladen wird. So findet ein horizontaler Numen-Austausch statt. Auch ein Gedankenbild kann man durch fromme Verehrung aufladen. So erzeugt der Mensch Selbsterscheinungen, die genauso aussehen wie das verehrte Heiligenbild oder die Vorstellung davon in der Menschenseele, denn *die Verbindung von Vorstellung und Kraft erzeugt die Gestalt*. So schaffen alle Menschen ständig und ohne es selbst zu wissen sowohl Engel aus positiven Gedanken als auch Dämonen aus negativen Gedanken. Jeder mit einem Gefühl verbundene Gedanke entweicht aus dem Gehirn als ein ätherisches Bild, das die Tendenz hat, sich zu einem Wesen oder einem Geschehnis, zu einer greifbaren Tatsache zu materialisieren. Jeder Mensch ist ein Zauberer, ohne davon Aufhebens zu machen. Die Macht der positiven Gedanken und Gefühle kann die Welt harmonisieren.

# DIE WEITERGABE DES NUMEN

Weihen, Heilen durch Handauflegen oder Magnetisieren ist der natürliche Auftrag derjenigen Menschen, die als reine und gerechte Transformatoren zwischen Himmel und Erde stehen: Die geborenen Fürsten/Priester/Heiler. In früheren Zeiten waren diese drei Funktionen ja immer in einem Menschen vereint. Das Volk, das sich selbst nur unzureichend helfen kann, polarisiert sich vertikal mit einem solchen Überträger, der außer seiner eigenen angeborenen Kraft noch über eine horizontal weitergegebene Kraft von seinem Vorgänger verfügt, der ihn auf seinem Sterbebett gesegnet hat. Diese horizontale Kraft kann auch durch die Weihe eines Hohepriesters und die Salbung mit geweihtem Öl zuteil werden. Der Fürst, der deshalb im Schnittpunkt zweier Kraftlinien stand, wurde so ganz von selbst zum Heiler, so wie z. B. früher die französischen Könige den Kropf heilen konnten (le roi te touche, Dieu te guérit).

Als Fürst gibt er seinen Untertanen Lebenskraft und Glück und ihren Äckern und ihrem Vieh Fruchtbarkeit. Mit seinem Yin-Strom saugt er sowohl ihre Beschwerden als auch ihre Ehren- und Liebesbezeugungen an. Als Priester hat er die Aufgabe, die geistige Kraft der Sonne weiterzugeben. Dazu muß er durch seine Schulung und Weihe die Ebene der geistigen Harmonisierung und Bewußtwerdung erreicht haben (Wiedergeburt, Erleuchtung).

Je mehr dieses heilige Amt zu einem Objekt persönlicher Machtinteressen verkam, desto mehr wurde der geistliche Teil der Aufgabe der Kirche und das Heilen der medizinischen Wissenschaft überlassen, bis sie alle drei entheiligt und ohnmächtig geworden waren. Daneben entstand damals von selbst die unabhängige Heilkunst derer, die vom Himmel dazu bestimmt waren. So gibt es auch heute noch unabhängige (inoffizielle) Priester und freie Fürsten, vor allem Königinnen. Das Numen wird überall weitergegeben, weil es von selbst von einem Ort, wo es im Überfluß vorhanden ist, nach einem Ort strömt, an dem Mangel herrscht. Das Wasser und der Wind führen es mit (vom hohen zum niedrigen Luftdruck), und jeder Mensch tauscht es mit seiner Umgebung aus. In unserer heutigen Welt gibt es so viele Menschen, die durch eine falsche Lebensweise unwissend bleiben und deren Ätherleib nach oben blockiert ist, so daß sie sich selbst nicht mit der kosmischen Kraft aufladen können, wie es doch offenkundig von ihrem Schöpfer vorgesehen war. Die vertikale Aufnahme ist bei ihnen nicht mehr möglich, so daß sie vollständig auf die horizontale Aufnahme durch die Natur und den Mitmenschen mit all seinen behelfsmäßigen Not-Heilverfahren angewiesen sind. »Freude trinken alle Wesen an den Brüsten der Natur« – aber man findet nichts dabei, sie auszubeuten. Die ungesättigte Yin-Kraft des Menschen lechzt überall nach Yang.

Daraus ist – beim Menschen wie beim Tier wie auch bei der Pflanze – die Angewohnheit entstanden, sich selbst mit der Lebenskraft eines anderen Geschöpfs zu füllen; so ist das Töten und Verzehren als Notmaßnahme entstanden. Mensch und Tier sollten aber eigentlich in der Lage sein, sich durch den Atem, den Sonnenschein, das Baden und die Berührung mit der Erde selbst mit Kraft für den stofflichen Leib zu versorgen, während der geistige Einstrom von oben den ätherischen Lebensleib und die Seele versorgt. Wer von diesem »*himmlischen Manna*« lebt, fühlt sich gesund, glücklich und inspiriert und gibt vielen anderen nach ihrem Bedarf das Numen weiter. Man empfängt genauso viel wie man weggibt.

## OPFER

Die ätherischen Wesen nähren sich mit ätherischer Nahrung, die sie u. a. aus der ätherischen Ausstrahlung der stofflichen Nahrung und den stofflichen Opfern der Menschen beziehen. Die Sitte, Opfer darzubringen, ist daher auch unter den heutigen Mißverhältnissen (seit dem »Sündenfall«) nicht fehl am Platze. Blumen, Speisen und das Blut von Tieren strahlen eine ätherische Form der Lebenskraft aus, die von dem ätherischen Geist oder der Gottheit, der sie angeboten wird, durchaus wohlwollend aufgenommen wird. Wenn ein Skandinavier zur Zeit der Christmette ein Schälchen Brei mit einem Stückchen Butter darin für den Hauskobold bereit stellt, wird diese Gabe zwar nicht stofflich, aber doch ätherisch durch den Duft und ihr ätherisches Bild aufgenommen und stärkt den Empfänger. In allen Religionen verzehren die Priester nach der Feier die stofflichen Überbleibsel der Opfergaben.

Durch den Klang der angestimmten Lobgesänge entstehen neue Formen der Lebenskraft, die für die Ätherwesen ein Genuß sind. Gesang ist das Ausfließen eigener Kraft und wird von demjenigen aufgesogen, der ihrer bedarf. (Singen ist doch eines der wichtigsten Unterrichtsfächer, und wo es vom Lehrplan abgesetzt wurde, ist es um das Wirklichkeitsverständnis der Menschen schon sehr schlecht bestellt).

Außer von diesen ganz- und halb-stofflichen Opfern leben die Götter von der psychischen Liebe und Zuneigung der Menschen. Wenn sie diese überhaupt nicht mehr erhalten, sterben sie; der Austausch zwischen Gottheit und dem Menschen hört dann auf. Götter und Menschen sind aufeinander angewiesen, um am Leben bleiben zu können.

Wo der Mensch die meisten wilden Tiere (auch die Insekten) und die Wildpflanzen ausgerottet hat und an keinen Gott oder Geist mehr glaubt und diesen Wesenheiten nicht mehr opfert, fühlt sich der Mensch leer, verlassen und einsam, und es gelingt ihm auch der Austausch mit seinen nicht weniger leeren Mitmenschen nicht mehr.

## STEINMONUMENTE

Der Hunger, der eine Folge des Sündenfalls war, hat zur Entwicklung einer Reihe von Techniken geführt, mit deren Hilfe man sich in Wechselwirkung mit der Erde und ihrer Atmosphäre bzw. ihrem Kraftfeld sättigen konnte. Eine dieser Techniken war, wie wir bereits gesehen haben, das Einsenken langer Steine in die Erdoberfläche, um aus den Kraftlinien der Erde die Kraft absaugen zu können. Die Ladung, »Heil« genannt, verlieh auf diese Weise heiligen Steinen das Leben. Manchmal ordnete man die Steinpfeiler, Menhire genannt, in einer Reihe an, wie z. B. in Carnac in der Bretagne, wo mehrere nebeneinander verlaufende Reihen der Größe nach geordneter Steine den Eindruck einer großen Prozes-

Menhir in Carnac (Bretagne)

sion zu einem Heiligtum erwecken, mit den Kindern hinterdrein. Man kann annehmen, daß sie einer Kraftlinie in der Erdkruste folgen. Man entdeckte dort drei nebeneinander stehende Steine mit von Menschenhand eingehauenen Linien, von denen die mittlere senkrecht stand und die beiden anderen in einem Winkel auf die mittlere zuliefen. Untersuchungen mit der Wünschelrute ergaben, daß der Schnitt der drei Linien, wenn man sie zur Erde hin verlängerte, auf ein unterirdisches Wasservorkommen hinwies. Dies war nur eines der vielen Dinge, die an den Steinen abzulesen waren. Denn so wie jedes Organ in einem lebenden Körper mehr als eine Funktion hat, so gestalteten unsere weisen Vorfahren in Analogie mit der Natur auch die von ihnen geschaffenen Werke. Kraftlinien und Wasseradern sind häufig, wenn auch nicht immer, miteinander verbunden, so wie im menschlichen Leib Blutgefäße (Adern) mit einem Nerv umwunden sind, so daß sich der Magnetismus des Bluts und die Elektrizität des Nervs im Gleichgewicht halten und einander anregen.

Die Steine zeigen nicht nur die Kraftlinie an; sie saugen auch einen Teil der Kraft auf, so daß eine solche Reihe eine doppelte Kraftlinie, eine Art Telefonleitung bildet. Man verfolgte hiermit sicher ganz bestimmte Absichten. Ein ganz besonders hoher Steinpfeiler in der Nähe von Locmariaquer, der heute umgestürzt und in drei Stücke zerbrochen ist, stand wahrscheinlich auf einem Schnittpunkt von Kraftlinien und diente vermutlich u. a. überfliegenden Ufos (fliegenden Untertassen), die dort in der Nähe einen Landeplatz hatten, als Bake. In früheren Zeiten herrschte ein lebhafter und regelmäßiger Verkehr zwischen Himmels- und Erdenbewohnern (siehe auch das entsprechende Kapitel). Gleichzeitig dienten solche alleinstehenden Menhire als Gedenksteine für Verstorbene und wurden teilweise bei deren Grab errichtet. Der Stein stand dann westlich des Grabes, wo das Haupt gebettet wurde, denn der Westen ist die Richtung von Yin, des Entmaterialisierens und des Vergeistigens (der Norden ist der Geistpol, der Süden der Lebenspol, der Osten die Inkarnation und der Westen die Exkarnation). Die in dem Stein konzentrierte Kraft sollte die Reise der Seele durch die Zwischenwelt beschleunigen, damit sie in ihren Nachkommen wiederkehren konnte.

Der Menhir ist nicht nur eine Gedenksäule für einen Verstorbenen, wie dies der moderne Mensch sieht, sondern auch ein Kontaktpunkt mit der Unterwelt, dem Aufenthaltsort der Verstorbenen. Der Leib des Menschen wird aus der Erde geboren und beim Tod an Mutter Erde wieder zurückgegeben, während die Seele des Menschen noch lange mit ihm verbunden bleibt. Um die Seele von Verstorbenen um Rat zu fragen, begab man sich nicht nur an ihr Grab (unsere Grabsteine sind die Nachfolger der Menhire), sondern man hatte auch die Technik entdeckt, wie man durch Verstärkung ihre Stimmen hörbar machen konnte.

Wie man heute die Stimmen Verstorbener auf Tonband aufnimmt und durch elektrische Verstärkung hörbar macht, so setzte man früher einen Stein auf eine Kraftlinie in der Erde, und zwar so, daß die Kraft durch den Stein aufgesogen wurde. Nicht nur Eisenstäbe, sondern auch Holzpfähle oder Steine können ja diese Kraft leiten. Man saugt die Kraft ständig an und schafft sich sogar einen Vorrat. So kann man die Vorfahren jederzeit anrufen.

## SIBYLLEN

Am Anfang war es die Priesterin, die *Wolva*, die *Sibylle*, die an einer Felsspalte oder in einer Höhle nahe einer Quelle wohnte und in Worte faßte, was sie als das kosmische Muster des Augenblicks und der näheren Zukunft empfand (so antwortet ja auch heute noch eine Hellseherin nicht nur auf die gestellte Frage, sondern berichtet noch über verschiedenes anderes, was sie aufnimmt). Dies war so während der Zeit des Matriarchats, als das Weibliche, das Yin-Prinzip vorherrschte. Eine Frauenseele kann unmittelbar in Kontakt mit dem Ätherischen treten. In dieser Zeit war der Mensch Yin-eingestellt, folgte mit seinem Gefühl den Kraftlinien des Himmels und der Erde, nahm die Früchte, die er fand, als Nahrung zu sich und bewegte sich so, ohne festen Wohnort, unbewußt glücklich, in ständiger Wechselwirkung mit der kosmischen Kraft durch Leben und Welten.

Dieser Zustand wird im Alten Testament als das Paradies und in Indien als das Goldene Zeitalter beschrieben. Als die Zeit gekommen und Yin einfach zu stark geworden war und in Yang umschlagen mußte, sah der Mensch auch in der heiligen Ehe von Erde und Sonne eine Änderung des Verhältnisses: Man orientierte sich mehr nach der Sonne, gab mehr der Yang-Neigung zum Besitzen, Bewahren und Ausbeuten nach. Der Mensch wollte die weibliche Erde erobern, zwingen, für sich arbeiten lassen. Der Verstand erfand die Technik, nachdem man vom Baum der Erkenntnis gegessen und sich damit selbst um das Paradies gebracht hatte. Statt nur dankbar die Früchte aufzulesen, die Baum und Pflanze fallen ließen, begann der Mensch selbst Pflanzen und Tiere zu züchten, störte dadurch die natürliche Ordnung und war gezwungen, seßhaft zu werden. Die Kraft der

Sibylle. Bezeichnung für eine inspirierte Prophetin, die auf das Hellenistische Zeitalter zurückgeht. Im Mittelalter und in der Renaissance wurden sie den Propheten des Alten Testaments gleichgestellt und deshalb häufig in der kirchlichen Kunst abgebildet, u. a. von Michelangelo in der Sixtinischen Kapelle in Rom.

Die hier abgebildete Sibylle stammt aus der St. Etienne-Kathedrale im französischen Auxerre (13. Jh.).

Erde bleibt aber nicht an einem Ort; sie strömt und kehrt vielleicht erst nach einem Sonnenjahr wieder an einen bestimmten Ort zurück. So war es zunächst auch nur einmal im Jahr an einem festgesetzten Tag möglich, die Delphische Sibylle, die dort bei der heiligen Quelle wohnte, um Rat zu fragen, vermutlich zu der Zeit, als die Sonne durch das Sternzeichen des Skorpions lief. Die Herrscher, die sich damals eine Stadt als Wohnort errichtet hatten, wollten jedoch jederzeit durch die Sibylle mit den Ahnen sprechen können. Zunächst versuchten sie, dies dadurch zu erreichen, daß sie die Sibylle Lorbeerblätter kauen oder bestimmte Dämpfe inhalieren ließen (d. h. also mit Hilfe von

Pythia. Name der Priesterin des Apolloheiligtums von Delphi. In Trance (herbeigeführt durch betäubende Dämpfe aus einer Felsspalte oder durch das Kauen von Lorbeerblättern) beantwortet sie auf einem Dreifuß die Fragen von Pilgern.
Die Abbildung auf der Schale zeigt die Pythia mit dem Lorbeerzweig in der Hand, wie sie von König Augus von Athen befragt wird.

Drogen); als dies nicht ausreichte, mußte die Kraftlinie fixiert werden, und das geschah mit Hilfe eines Stabs oder Steins, der diese Linie anzapfte. (Dies wird im Mythos als die Ankunft Apollons beschrieben, der den Kopf der heiligen Schlange Python (die Kraftlinie) mit seinem Speer durchbohrte, so wie dies bei anderen Völkern von Siegfried, Sankt Georg, Sankt Michael usw. berichtet wird. An anderer Stelle tötete Zeus die Schlange Typhon, den Sohn der Erdgöttin. Im Alten Testament wird prophezeit: Du wirst ihr den Kopf zertreten).

Dies nützte nicht nur dem Stadtbewohner, sondern auch dem Landmann, der die Erdkraft, die seine Äcker fruchtbar machte, jetzt konzentriert und jederzeit zur Verfügung hatte. Weiterhin wurde nun das Land, das erst allein der Gottheit gehörte, unter die Menschen als ihr persönliches Eigentum verteilt (obgleich der sächsische Bauer seinen Hof und seine Äcker auch später noch als Sonnenlehen betrachtete, das ihm vorübergehend anvertraut war). Deshalb brauchte man jetzt Grenzsteine. Diese mußten über eine Kraft verfügen, die sie gegen mutwilliges Versetzen schützte. Deshalb wurden auch sie mit der Kraft der Erde aufgeladen (mit Numen, Vril, Mana, Prana, Od, Orgon oder wie man die kosmische Kraft auch immer benennen will).

So verfügte der Mensch nun das ganze Jahr über die Kraft, die ihn mit der ätherischen Welt und den Ahnen verband, die die Fruchtbarkeit seiner Äcker sicherstellte, die seinen Besitz abgrenzte, die die Gräber seiner Ahnen und seiner großen Führer beschützte, die eine Bake für seine Besucher aus dem Weltall bildete, die ihm als Kalender die wichtigen Zeitpunkte des Jahreslaufs angab und noch vieles mehr. *Die magische Technik des Bannens der Erdkraft an einem bestimmten Ort findet man in allen Religionen.* Auch in der Heiligen Messe der Katholischen Kirche wird die kosmische Kraft auf den Altar gebannt. Der Priester bezieht sie dort aus der heiligen Ehe von Sonne und Erde, denn durch das Ostfenster, eventuell das Rosettenfenster, wird die Kraft der aufgehenden Sonne aufgefangen und am Altar mit der Kraft der Erde vereinigt, die aus der heiligen Quelle bzw. der blinden Kraftquelle entspringt, auf der die Kirche errichtet ist, d. h. es vereinigen sich hier die Elemente Feuer und Wasser. Der Altar selbst ist wiederum ein Stein, der hier jedoch horizontal liegt (wie bei einem Dolmen), während das Element der Luft als viertes durch den Weihrauch repräsentiert wird. In den Gestalten von Brot (Yang) und Wein (Yin), die miteinander durch das Eintauchen der Hostie in den Kelch mit Wein vereinigt werden, werden die beiden Kraftlinienarten miteinander verbunden (wie das Blutgefäß mit dem Nerv usw.), und die entstandene elektromagnetische Ladung wird den Gläubigen bei der Kommunion mitgeteilt, jedenfalls bei den Abendmahlsfeiern »unter beiderlei Gestalt« bei den protestantischen Christen. Die Katholische Kirche gibt der Gemeinde nur Yang (d. h. es wird die Schöpfung, das Stoffliche betont und letztlich Materialismus erzeugt), weshalb sich die frommen Kirchgänger den nötigen Ausgleich im Wirtshaus gegenüber der Kirche verschaffen. Im biblischen Paradiesbericht ernährte sich der Mensch zuerst nur mit den Früchten des Lebensbaums, d. h. sein Lebenspol (Unterleib und Unterseele) stand im Vordergrund (Yang). Später nahm er auch vom Baum der Erkenntnis, d. h. seinem Denkpol (Oberkörper und Oberseele). *Die Natur ist der Lebenspol der Erde, die Kultur ihr Denkpol.* Im Matriarchat liegt der Schwerpunkt auf der Natur, dem kosmischen Gesetz, den kosmischen Mustern, im Patriarchat hingegen auf deren Ausprägungen im Stofflichen. Wenn der Mensch in der

Spätzeit dieser Periode dieses Gesetz und Muster verläßt und nur mehr zu seiner Lust und Bequemlichkeit die Technik einsetzt, verfällt die Kultur und es bleibt ihre Hülle zurück, die Zivilisation. So war es bei den Atlantern, bei den Römern, und so ist es in der heutigen westlichen Kultur, die dabei ist, sich selbst zugrunde zu richten. Die seinerzeit übriggebliebenen Atlanter (heute die Indianer Amerikas genannt) haben sich weitgehend zur Natur zurückgewandt. Was wird Europa tun?

Der Heel Stone von Stonehenge

## STEINKREISE (CROMLECHS)

Kreise aus in gleichen Abständen angeordneten Steinen findet man in ganz Europa. Diese wurden vermutlich von den Bewohnern vor den Kelten errichtet, aber von den letzteren doch auch benutzt. Manchmal steht in der Mitte oder etwas außerhalb davon noch ein weiterer Stein. Der bekannteste der Vielzahl von Steinkreisen ist derjenige von Stonehenge in der Ebene von Salisbury in Südengland. Während die Steine, die dort vor 4000

Jahren aufgestellt wurden, noch aufrecht stehen, haben die Holzpfähle des nahegelegenen Woodhenge nur ihre Löcher hinterlassen.

Dem Buch *Stonehenge decoded* von Prof. Gerald S. Hawkins zufolge, der mit Hilfe eines Computers die Funktion des Kreises enträtselte, hat man zunächst einen gewaltigen Graben ausgehoben und die Erde zu beiden Seiten zu Wällen aufgeworfen, wobei im Nordosten ein Zugang freiblieb. Dort findet man heute vier Löcher, in denen vielleicht einst Pfähle steckten. Weiterhin sind dort zwei größere Löcher vorhanden, in denen sich Steine befunden haben dürften. Hundert Fuß außerhalb des Kreises setzten sie den sog. Heel Stone, der von einem Kalkring umgeben war. Innerhalb des Kreises finden wir heute 56 Löcher. Der äußere Wall hatte einen Durchmesser von 127 m. Bei dem inneren Wall muß es sich um einen schneeweißen Kalkkreis gehandelt haben. Wenn man in der Mitte des Kreises steht und durch den Eingang blickt, sieht man am Tag der Sommersonnenwende die Sonne links neben dem Heel Stone aufgehen. Die Steinart wird als Sarsen bezeichnet. Die 56 Löcher waren mit Asche von verbrannten Menschenknochen gefüllt. Diese könnten von verstorbenen Druiden (Priestern, geistlichen Führern) gestammt haben. Die ersten Erbauer hatten zwei Steine aufgestellt und einen Stein quer darübergelegt (ein sog. Trilithon), so daß ein Tor entstand. Spätere Erbauer ordneten vier sog. Station Stones in einem Rechteck an, das besondere astronomische Bedeutung hatte. Noch später errichtete eine neue Generation von Erbauern zwei konzentrische Kreise aus 82 schweren blauen Steinen, die jeweils einen Abstand von 2 m voneinander hatten, um den Mittelpunkt. Eine dritte Gruppe von Erbauern fügte etwa 1700 v. Chr. im Inneren eine weitere hufeisenförmige Reihe von Steinen hinzu, die aus fünf Trilithons bestand. Diese gaben den Sonnen- und Mondauf- und -untergang an wichtigen Tagen des Jahres an. Auch dieser Kreis war nach Nordosten hin offen.

Die blauen Steine wurden durch Sarsen-Steine ersetzt. Später benutzte man wieder andere Steine. Das gesamte Bauwerk muß sowohl ein Kalender als auch ein Heiligtum mit einer starken Kraftausstrahlung gewesen sein. In der Nähe von Avebury liegen auf diesem heiligen Boden noch Dutzende von Grabhügeln. Die runden enthalten ein Skelett, die langen mehrere. Das sog. Heiligtum *(Sanctuary)* besteht aus zwei Kreisen aus Sarsen-Steinen. Das Dorf Avebury bedeckt weitgehend ein anderes Heiligtum, das aus zwei Steinkreisen aufgebaut ist. Das ganze Gebiet scheint heiliges Land zu sein.

Einer der zwei Kreise von Avebury.

Stonehenge

Die Computerberechnungen ergaben, daß man mit Hilfe der Anlage von Stonehenge für mehrere Jahrhunderte die Auf- und Untergänge der Sonne und des Mondes, die Sonnen- und Mondfinsternisse und vieles mehr ermitteln kann. Es handelt sich um einen gewaltigen und genauen astronomischen Kalender. Welche Rituale einst abgehalten wurden, ist nicht bekannt. Man hat dort die Leiche eines kleinen Kindes mit gespaltenem Schädel gefunden, das ein Bauopfer gewesen sein kann. Einen bestimmten, heute in den Boden eingesunkenen Stein nennt man den Altarstein, jedoch gibt es für eine solche Funktion keinerlei Beweis.

Die Völker der Steinzeit scheinen ungewöhnliche astronomische Kenntnisse besessen zu haben. Man lebte damals noch viel mehr als heute mit dem Himmel und versuchte, das Leben auf der Erde als Spiegelung der kosmischen Ordnung zu gestalten.

Außer Kalender, Heiligtum und Begräbnisort ist ein Steinkreis wie Stonehenge immer auch ein gewaltiges Kraftzentrum. Als ich Stonehenge besuchte, verspürte ich beim Näherkommen schon in einer Entfernung von einigen Dutzend Metern einen elektrischen Schlag. Ich hörte später, daß viele andere Besucher dies ebenfalls erlebt haben. Diese Yang-Kraft entsteht meiner Meinung nach dadurch, daß die Steine die Kraft der unterirdischen Kraftlinie aufsaugen und diese oberirdisch abstrahlen, auch auf die benachbarten und die gegenüberliegenden Steine. Diese Strahlen treffen sich im Mittelpunkt des Kreises. Deshalb müssen alle in geeigneter Weise errichteten Steinkreise Kraftwerke gewesen sein. Man hat sie vielleicht zu Heilzwecken gebraucht, wie dies die Indianer mit ihren *Sandmandalas* tun, in verschiedenen Farben auf den Boden gezeichneten Sandfiguren, die ebenfalls als Kraftlinien wirken. Der Kranke wird in die Mitte gelegt, um mit Lebenskraft aufgeladen zu werden.

Auch der Priester oder Zauberer hat sich wohl in die Mitte gestellt (nachdem er sich durch Fasten, Wachen und Beten gereinigt hatte) und die dort aufgenommene Kraft in die Wunschvorstellung geleitet, auf die sich seine Seele konzentrierte, damit diese sich im Stofflichen verwirklichen konnte. Möglicherweise haben sich seine Schüler und Gehilfen bei den Steinen des Kreises mit dem Rücken zu diesem aufgestellt, wodurch ihr Rückenmark aufgeladen wurde, und durch Konzentration auf das gleiche Wunschbild die Kraft ebenfalls auf diese Vorstellung gerichtet. So können große Dinge vollbracht werden, vor allem, wenn dabei noch mit den geeigneten Klängen und Tönen gesungen wird.

Ich glaube, daß die Steinkreise in dieser Weise benutzt wurden. Erst in viel späteren, dekadenten Zeiten geht die Priesterschaft dazu über, mangels eigener Geisteskraft ihren Plänen mit Hilfe von Menschen- und Tierblut Kraft zu verleihen. Wenn solche Opfer zu Hilfe genommen werden müssen, sind Mensch und Priester schon sehr tief gesunken. Viele Heiligtümer sind auf oder in Form eines Cromlechs gebaut. Der Vatikan z. B. steht auf einem Cromlech (den Bernini-Säulen).

## DER OMPHALOS (NABELSTEIN)

Ein Stein in der Mitte eines Kreises oder in der Mitte des Innenhofs oder unter der großen Kuppel eines Tempels wurde häufig als »der Mittelpunkt der Welt« betrachtet und als *Omphalos* oder *Nabelstein* bezeichnet. Es handelt sich stets um einen unbehauenen Stein, manchmal einen Meteoriten, d. h. einen vom Himmel gefallenen Stein oder Baitylos, der als heilig galt (z. B. die

Der Omphalos des Heiligtums von Delphi. Die Wolltroddeln, mit denen der Stein verziert wurde, sind jetzt in Stein ausgeführt.

schwarze Kaaba in Mekka). Weil diese Steine noch nicht von Menschen behauen waren, besaßen sie noch ihre Urkraft und strahlten diese aus. So fand man im Jahre 1913 unter dem Allerheiligsten des Tempels von Delphi den Omphalos, in den der Name der Erdgöttin Gaia eingeritzt war. Später wurde an seiner Stelle ein kunstvoll behauener Stein aufgerichtet. Der ursprüngliche Stein wurde damals täglich mit Öl gesalbt. Man glaubte allgemein, daß Meteoriten das Geschenk einer Gottheit waren. So beschrieb ein syrischer Autor aus dem 6. Jh. den Empfang des Baitylos des Eijagabalus in der syrischen Stadt Emesa: Ein gewisser Eusebius fühlte sich einst um Mitternacht gedrängt, auf den Berg zu gehen, auf dem ein alter Athene-Tempel stand. Plötzlich sah er einen Feuerball auf sich zurollen, neben dem ein Löwe erschien. Der Stein kühlte ab, und der Mann hob ihn auf. Er befragte den Stein, von welcher Gottheit er stamme, und dieser antwortete: »Vom Erhabenen«. Wenn man den Stein an der Seite berührte und eine Frage stellte, gab er einen schrillen Ton von sich, den Eusebius dann als Antwort auslegte. Dieser Baitylos war also ein Orakelstein. Man sagt von solchen Steinen, daß sie *sprechen, heilen und sich aus eigener Kraft bewegen können.*

## BEHAUENE UND UNBEHAUENE STEINE

Ein natürlicher Stein, der nur durch Eis und Wasser etwas gerundet wurde, ist von sich aus ein Leiter der Kraft, die durch die Meridiane der Erde strömt. Legt man einen Stein auf einen Punkt dieses Stroms, um dort die Kraft anzuzapfen, dann erschöpft man den Leib der Erde. Das Durchstechen des Drachenkopfs ist ein eigenmächtiger Eingriff des Menschen in den natürlichen Verlauf der Kraftlinien, ein Raub, der nicht unbestraft bleibt. So kommt es, daß ein als heilig (heiltragend) geltender Stein manchmal allmählich seine Kraft zu verlieren scheint, woraufhin der Mensch den heiligen Ort, an dem er steht, aufgibt. Statt den Fehler durch Wiederherstellen des früheren Zustands wieder gutzumachen, neigt der Mensch dazu, den ersten Fehler durch einen zweiten auszugleichen, der die Folgen seines Tuns nur mindert oder irgendwie verdeckt. So begann der Mensch, die geschwächten Steine zu bearbeiten, zunächst mit Faustkeilen, später mit eisernen Hämmern oder anderen Werkzeugen. Der behauene Stein bekam dadurch nicht nur eine gleichmäßigere Form, sondern schien durch die Bearbeitung auch bestimmte Eigenschaften anzunehmen. Dies war nicht nur bei Natursteischsgcheenhy steinen, sondern auch bei von Menschen gebrannten Steinen der Fall. Es zeigte sich, daß sie an der einen Seite Yin, an der anderen Yang geworden, d. h. *polarisiert* waren (wie dies z. B. bei der Elektrolyse von Wasser geschieht). Die Kelten bauten in dieser Weise Steintempel, die nach außen abwehrend wirkten (dort wuchsen dann nur Dornsträucher) und nach innen nutzbringend, wo daher noch heute wilde Erdbeeren und Himbeeren wachsen. Auch beim Bau der römischen Städte wurde dieses Prinzip angewandt, ebenso bei der großen Mauer, dem *Limes*, der das ganze römische Reich umschloß. Nach außen, z. B. gegen die feindlichen Pikten in Schottland, strahlten die Steine abwehrend, nach innen verstärkend, d. h. außen war Yin, das Kraft wegnimmt (linksdrehendes Pendel) und innen Yang, das Lebenskraft spendet (rechtsdrehend). Dies sagt uns auch etwas über die Art der früher in Europa mit Ziegelsteinen befestigten Straßen, bevor man noch die Asphaltierung kannte. Der Straßenbauer, Künstler seines Fachs, legte jeweils zwei Steine im rechten Winkel zueinander und klopfte sie dabei auf dem Sanduntergrund in der Weise fest, daß die Straße eine gleichmäßig gewölbte Form bekam. Dieses Auftreffen des Holzhammers auf die Klinker gab ein besonderes Geräusch, an das sich die Älteren noch gut erinnern. Dadurch wurden sicher die Steine polarisiert, und zwar so, daß Yang oben lag. (Man fragt sich, ob nicht auch eine Tracht Prügel auf böse Buben polarisierend wirkt.) Auch das Läuten der Kirchenglocken dürfte diese polarisieren usw.

Der römische Kaiser Hadrian ließ seine Schreiber alles aufschreiben, was die Römer diesbezüglich von den unterworfenen Völkern gelernt und übernommen hatten. Berühmte Druiden wurden auch am kaiserlichen Hof in Rom empfangen.

Der Altarstein in der römisch-katholischen Kirche ist heute ebenfalls behauen, wodurch er wohl auch polarisiert wurde. Bei der Feier der Heiligen Messe wird ja der Seeleninhalt der Gläubigen polarisiert: Er wird in das Gute geteilt, das im Menschen bleibt und ihn glücklich stimmt, und in das Böse, das sich gegen das Kirchendach richtet (was ein hellsichtiger Mensch wahrnehmen kann). Deshalb haben die Kirchenbaumeister die furchterregenden Gestalten der Wasserspeier geschaffen, die das vom Kirchendach ablaufende Regenwasser ausspeien. Kurz nach der Messe vereinigen sich die beiden Seelenhälften wieder. Die Geiselungen der Mönche dienten wohl dem gleichen Zweck. Bei der katholischen Kindstaufe glaubte man, daß sich der ausgetriebene Teufel durch die Nordtür verzog, die daher nur bei dieser Gelegenheit geöffnet wurde.

Wenn man über die Erscheinung der Polarisierung durch kräftige Berührung nachdenkt, schätzt man viele alte Verfahren anders ein. Ein hysterischer Mensch wird durch einen Arzt, der ihm einen Klaps verabreicht, plötzlich normal. Was hat er gemacht? Er bringt die beiden Pole Yin und Yang wieder an ihren Platz, nachdem der eine, in diesem Fall Yang, der Lebenspol, sich dem anderen, Yin, zu sehr überlagert hatte. Die elektrische Schocktherapie ist ein abscheulicher Extremfall dieses Verfahrens. Beim Exorzismus klatscht man auch rings um den Besessenen heftig in die Hände.

Der englische Krönungsstein oder der *Stein Davids* ist ebenfalls kräftig Yang-geladen; er wird bei der Krönung eines Königs oder einer Königin unter den Thron gelegt. Dieser Stein soll aus dem israelischen Tempel in Jerusalem stammen; angeblich hat ihn Baruch, der Sekretär des letzten Königs von Juda, Zedekia, mit noch einigen anderen heiligen Gegenständen nach der Zerstörung des Tempels durch die Römer im Jahre 70 n. Chr. mitgenommen. Baruch rettete auch dessen Tochter und floh mit ihr auf einem Schiff, mit dem sie zunächst in die Camargue und danach gen Irland weiterfuhren. Später heiratete diese Prinzessin einen schottischen König und nahm den Stein mit. Nach häufig wechselndem Verbleib zwischen Schottland und England wird der Stein heute in London aufbewahrt (dies ist der Hintergrund des British-Israel-Movement).

Weil die Steine eines Steinkreises ebenso polarisiert sind, ist es klar, warum sie nach außen abweisend und nach innen so heilsam wirken und jeden beschützen, der sich in ihre Mitte flüchtet. Der Steinkreis von Stonehenge wirkt noch immer als elektrischer Zaun! Im Mittelalter war jede christliche Kirche eine Freistätte für Verfolgte und stand deshalb auch immer offen.

## DOLMEN UND HÜNENBETT

*Dolmen* bedeutet Tafelstein (men = Stein). Es handelt sich hierbei um eine Steinreihe, bei der einige senkrecht stehende Steine (Menhire, hir = lang) von einem großen flachen Stein überdacht sind. Meist hat das Ganze eine längliche Form. Man spricht hier häufig auch von einem Hünenbett. Über die Riesen, die einst die Welt bevölkerten, gibt es viele alte Berichte, und sie werden auch im Alten Testament genannt *(»zu jener Zeit gab es Riesen auf der Erde«)*. Es waren etwa vier Meter große Menschen, die meist in der Mitte der Stirn nur ein Auge hatten (Zyklopen). In

Der eichene Coronation Chair (Krönungssessel) aus der Westminster Abbey, auf dem alle Könige Englands seit Edward I. gekrönt wurden. Unter dem Sitz liegt der Krönungsstein (Stein Davids).

China und Tibet sowie an einigen anderen Orten werden noch solche Riesengräber gezeigt, in denen man auch ein entsprechendes Skelett gefunden hat.

Wie der Steinkreis hatte vermutlich auch das Hünengrab verschiedene Funktionen. Auf dem Deckstein könnte man Opfer dargebracht oder ein Totenmahl gehalten haben, wie man es auf dem Balkan auch heute noch häufig auf dem Grabstein tut (ich habe dies im Norden Rumäniens, in Maramures gesehen).

Der Deckstein eignet sich sehr gut als Altarstein. Man kann auf ihm Räucherwerk verbrennen und Kerzen anzünden, ein Brot- oder Blumenopfer darbringen usw. Viele Hünengräber sind heute so niedrig, daß ein Mensch darunter nicht stehen kann. Früher lagen sie aber sicher so hoch auf den Menhiren, daß man darunter ebenfalls Rituale abhalten konnte. Sie waren die Vorläufer der Krypten unter den Kirchen und könnten als Heiligtum der Mutter Erde, der Schwarzen Madonna gedient haben. Im Laufe der Jahrhunderte sind die langen Steine immer tiefer in den Erdboden eingesunken.

Hünenbett (Gemeinde Havelte)

Die Wissenschaft sagt, daß alle Hünenbetten ursprünglich mit Erde bedeckt gewesen sein müssen. In diesem Fall waren es sicher echte Grabhügel. Man fragt sich aber doch, wie dann die Erde verschwunden ist, wenn so viele künstlich aufgeworfene Hügel vollständig erhalten geblieben sind (man denke an die unveränderten und die wiederhergestellten Hünenbetten in Drente).

Die Vermutung, daß die Hünenbetten womöglich als Zufluchtsstätte gedient haben, stammt von dem Holländer Frits Bom, der die Hünenbetten von Drente untersucht hat. Es ist nicht ausgeschlossen, daß es sich ursprünglich um von Riesen für ihre Toten aufgeworfene Gräber handelt, die eine spätere Bevölkerung als Zufluchtsort bei drohender Gefahr benutzte, ob es sich nun um eindringende Fremdvölker oder um Naturkatastrophen handelte. Wenn diese Gräber dann noch mit Erde bedeckt waren und der Eingang verborgen blieb, konnten die Eindringlinge nicht ahnen, daß sie bewohnt wurden.

## UNTERIRDISCHE DÖRFER

Wir denken hierbei an die unterirdischen Dörfer auf den Äußeren Hebriden westlich von Schottland. Diese sind heute freigelegt, und man kann hineingehen. Irgendwo ist ein Eingang, der sofort steil nach unten führt, wie dies auch bei langen Massengräbern (long barrows) in England und Schottland der Fall ist. Der unterirdische Gang mündet auf einem runden Platz, auf dem sich offenbar das gemeinsame häusliche Leben abspielte. Man findet hier noch einen steinernen Fischkasten, in dem man die gefangenen Schalentiere in Seewasser eine Weile frisch halten konnte, während der Feind draußen herumstreifte. Berge von Schalen und ähnlichen Abfällen verraten, wovon man sich damals ernährte. In der Mitte befindet sich eine Feuerstelle; es muß also auch einen Abzug für den Rauch gegeben haben, und man wird sich wohl beim Nahen eines Feindes gehütet haben, Feuer zu machen. Rings um den kleinen Platz waren tiefe Schlafstellen in den felsigen Boden eingehauen, in denen man nur mit Mühe sitzen konnte. Alle diese Orte liegen in der Nähe der Küste des Atlantischen Ozeans. Könnte es sein, daß hier Atlanter gewohnt haben, die der Katastrophe entkommen waren?

## BEWOHNTE HÜGEL

Aus illustrierten mittelalterlichen Büchern geht hervor, daß vor Beginn unserer Zeitrechnung kleine Hügel von weisen Frauen (Hebammen) bewohnt waren. In diesen Büchern, die ich in einer Universitätsbibliothek entdeckte, waren die Frauen bei ihren Hügeln dargestellt. Auch der jährliche Zug der Kobolde wurde in diesen Büchern beschrieben und gezeichnet. Die Hügel waren teilweise durch lange unterirdische Gänge miteinander verbunden. Professor J. R. R. Tolkien, der so gut mit der keltischen Vergangenheit vertraut ist, beschreibt sie in seinem Buch »Der kleine Hobbit«. Diese Hügelwohnungen sind im Sommer kühl und im Winter warm, sturm- und wetterfest und vielleicht sogar atomsicher. Ein mit Gras und anderen Pflanzen bewachsenes Dach hat viele Vorteile; in Skandinavien baut man heute noch so. In Pol wirft man im Herbst an den Hausmauern einen Erdwall auf.

## MODERNE HALBUNTERIRDISCHE WOHNUNGEN

Heute baut der Mensch versuchsweise gelegentlich wieder ein Haus in einen Hügel, wie ihn einst die Volksmütter und die Kobolde bewohnten. Der Eingang befindet sich dann beispielsweise auf halber Höhe des Hügels auf der Sonnenseite. Von dort aus führen Gänge, die sich zu Räumen erweitern, nach innen. In Frankreich baut man vor dem Wohnraum, der mit Erde bedeckt und mit einer Eingangstür versehen ist, an der Südseite eine Glaswand. Dann hat man es im Sommer kühl und im Winter warm, und der ganze Bau fügt sich harmonisch in die Landschaft ein. In Skandinavien findet man ebenfalls mit Erde bedeckte und begrünte Dächer, auf denen manchmal sogar eine Birke wächst oder auch Veilchen blühen, wie es in dem schönen Freilichtmuseum bei Lillehammer in Norwegen zu sehen ist. Man kann Schafe oder Ziegen auf seinem Dach weiden lassen, und vielleicht wird man bald wieder zu dieser vorteilhaften Bauweise zurückkehren, so wie alles nach Ablauf bestimmter Phasen wiederkehrt.

## HEINZELMÄNNCHEN

In manchen Gebieten kann man sich von der Bevölkerung große Steine zeigen lassen, unter denen seit jeher kleine Wesen wohnen, Kobolde oder Wichtel, z. B. unter dem Blauen Stein bei Postel in der Nähe der Ortschaft Mol oder bei dem alten geladenen Grenzstein, der der Stein der Sieben Herrlichkeiten genannt wird. Diese Wesen sind ätherisch und können sich deshalb in den Boden oder in Bäume zurückziehen. Hellsichtige Menschen vermögen es jedoch, sie wahrzunehmen und zu beschreiben (man lese etwa Fik Seymus' Buch *Uit de grote rijke kinderziel*). Es sind kleine flinke Kerlchen mit einer ledernen Mütze, einem kugelrunden Bauch, langen, dünnen Beinchen und mageren sehnigen Armen. Ihr Gesicht blickt sorgenvoll, und ihre runden Ohren stehen weit ab (Arthur Rackham zeichnete sie immer spitz und manchmal oben mit einem Haarbüschel). Sie tragen einen bräunlichen, weiten Kittel und eine wadenlange, eng anliegende Lederhose; die Füße stecken in spitzen Lederschuhen ohne Absätze. Ihre Hände sind groß und haben keine Nägel.

Wo man sie unbehelligt läßt, wohnen sie heute noch. Früher halfen sie den Menschen und erledigten nachts die Arbeit, die der Mensch liegengelassen hatte. Wenn jedoch das Verhältnis durch die Undankbarkeit der Menschen schlechter wird, dann wandern sie in ein einsameres Gebiet aus. Man hat auch festgestellt, daß sie jedes Jahr im Herbst nach Skandinavien ziehen. Dort hat jedes Menschenhaus seinen Tomten oder Hauskobold, der im Mittwinter von den Menschen seinen Teller Brei mit einem Stückchen Butter darin bekommt. Sie verstehen sich gut mit den Haustieren (siehe auch Manfred Kybers Buch *Die drei Lichter der kleinen Veronika*). Häufig leben Heinzelmännchen auch in oder bei alten Grabhügeln. Die dort gefundenen Töpfe und Kannen hält die Wissenschaft für Grabbeigaben, während sie für die Bevölkerung Haushaltsgeräte der Heinzelmännchen sind (so z. B. bei dem Grabhügel Berg in 't Perk, hinter der Abtei von Postel in Belgien).

In gebirgigen Gegenden, wo sie *Berglütli* oder *Bergmännlein* heißen, hauen sie ihre Behausungen in den Fels. Diese weitläufigen Komplexe von Gängen, Sälen und Nischen sind manchmal mit Edelsteinen prächtig verziert (man denke an den Berg *Moria* und den *Einsamen Berg* in Tolkiens Büchern). In Österreich hat man viele dieser Zwergenwohnungen gefunden, deren Gänge so niedrig sind, daß ein Kind gerade noch hineinkriechen, sich aber nicht umdrehen kann. Im Felsgestein sind Sitze und Tische angelegt, und manche Gänge führen rundherum. Ihre Höhe beträgt etwa 70 cm. Manche beginnen an einem versteckten Ort im Wald, bei anderen liegt der Eingang sogar im Keller von Menschenwohnungen! Man hat Kamine zur Frischluftzufuhr und sogar Stockwerke vorgefunden. In Kriegszeiten haben die Menschen in diesen Gängen geheime Dokumente, Nahrungsmittelvorräte und Wertsachen versteckt. In Österreich nennt man diese Zwergenwohnungen *Erdstallen*.

# DAS UNTERIRDISCHE REICH DER ZWERGE

Was wir im allgemeinen als Wirklichkeit, als die Realität betrachten, erweist sich nur als Schauspiel, als Theaterstück, das wir nach gemeinsamen Absprachen miteinander aufführen. Jeder spielt seine Rolle und bekommt das ihm Zustehende. Die wirklichen Ereignisse aber laufen hinter den Kulissen ab, auch die wirklichen Kontakte und Beziehungen der Menschen untereinander – das bemerken wir, wenn wir hinter die Kulissen blicken und das Rollenspiel durchschauen. Die Phase, in der alles für gerade genommen wird, was krumm ist, und alles für echt, was Komödie ist, nennen wir die zweite Phase: den Abschnitt zwischen dem siebten und vierzehnten Lebensjahr, in dem die meisten Menschen stecken bleiben und auf den Religion und Politik gegründet sind. Wenn wir dies erkannt haben, sehen wir auch, daß in der offiziellen Geschichtsschreibung nur die gespielten Rollen dargestellt werden. Was in Wirklichkeit geschehen ist, findet man nicht in den Geschichtsbüchern, höchstens in der sog. esoterischen Literatur und den Volksüberlieferungen. Daß es Zwerge gab und immer noch gibt, gehört zu diesem höheren Wissen. Die Märchen und Tolkiens großartige, auf der Edda beruhende Erzählungen zeugen davon ebenso wie die täglichen Erfahrungen der Menschen, die im Hochgebirge, in einsamen Wäldern wohnen. Die Zwerge oder Berglütli hauen sich Gänge und Höhlen in die Felsen, wobei sie manchmal bestehende Grotten benutzen, und legen sich Schächte zur Belüftung und Stühle und Tische an. Böden und Wände werden glatt geschliffen und manchmal mit Zeichnungen versehen. Sie höhlen ganze unterirdische Städte aus, wie in Tolkiens Moria. Auch die menschlichen Bergleute sehen sie mit ihren Werkzeugen im Gürtel. Wenn sie dem Menschen gewogen sind, dann zeigen sie ihm, wo Erzadern und Edelsteine liegen, die der Mensch sucht. Wenn sich der Mensch jedoch unfreundlich benimmt, dann spielen sie ihm Streiche, dann findet er die Kristalle, die er gestern noch sah, nicht mehr wieder.

Viele Menschen in Bergdörfern wissen, daß sich eine solche Zwergenstadt unter ihrem Haus befindet. Auf dem Berghang ist der Eingang meist sehr schwierig zu finden, jedoch sind einige von ihnen bei der Bevölkerung bekannt. Kinder kriechen manchmal hinein, aber es ist schwierig, wieder herauszukommen, wenn man sich nirgends umdrehen kann, so daß man rückwärts wieder herauskriechen muß. Die Gänge sind so niedrig, daß man sich nur auf den Ellbogen robbend bewegen kann. Man muß daher ausschließen, daß sie von Menschen zu Fluchtzwecken angelegt wurden. Da sie meist nur einen einzigen Zugang haben, wäre auch die Gefahr, etwa ausgeräuchert zu werden, viel zu groß. Außerdem hält es ein Mensch wegen des Sauerstoffmangels dort ohnehin nicht lange aus. Deshalb nimmt der Höhlenforscher neben seiner Taschenlampe eine Kerze mit und schiebt diese vor sich her. Wenn die Flamme kleiner wird und zu flackern beginnt, weiß man, daß man umkehren muß.

Ein solcher Forscher ist z. B. Karl Lukan, ein Österreicher, der, gefesselt von dem, was er in alten Büchern und Archiven über Volkserfahrungen und die damit zusammenhängenden Gebräuche entdeckte, eigene Untersuchungen anstellte. Er begab sich in das Waldviertel und das Mühlviertel und in die Klammen, enge, durch Bäche ausgeschnittene Schluchten, geheimnisvoll dunkel und wild überwuchert. Was er fand, übertraf alle seine Erwartungen: Schalensteine z. B., Felsblöcke, die der Mensch in grauer Vorzeit mit unzähligen Vertiefungen versehen hatte. Es heißt, daß sie zu Speiseopfern dienten oder daß man in die Vertiefungen einen Kern und Öl füllte und dieses an bestimmten Herbsttagen in der Dämmerung für die Toten entzündete. Dieser Brauch hat sich bis heute erhalten. Im Laufe des Jahres füllten sich die Löcher mit Regenwasser, das heilkräftig sein soll, vor allem für die Augen – es sind ja selbst Augen des Steins, die den blauen Himmel widerspiegeln! Daß in Österreich ursprünglich mehr Zwerge als Menschen gewohnt haben müssen, zeigt sich an der großen Zahl unterirdischer Behausungen; der Forscher Kießling fand allein im Waldviertel 120 Erdstallen, die er sehr sorgfältig untersuchte, um einen Grundriß von ihnen anfertigen zu können. Er schätzt, daß sie um etwa 2500 Jahren v. Chr., d. h. also vor nunmehr 4500 Jahren angelegt wurden. Das in der Mitte zwischen Nord-, Süd-, Ost- und Westeuropa gelegene Österreich ist wie die Nabe eines Rades, ein Ort der Ruhe, wo man an die Vergangenheit nicht rührt und das Neue nicht voller Hektik ausprobiert. Man achtet dort die Wälder, die Naturwesen, die alten Opferstätten (wenn auch unter christlichem Namen), die heiligen Quellen, deren Wasser man hier richtig trinkt und für das man der Brunnenfrau dankt. Heute steht sie dort als Statue und wird Maria genannt; früher war es Isis (oder Astarte, Tanit, Venus, Aphrodite usw.); es ist die Göttin oder Mutter Erde (Hertha, Irtha, Nerthus), der man zu allen Zeiten Verehrung und Dankbarkeit entgegenbrachte. Dort, im Herzen Europas, ist die erste oder magische Phase unter dem oberflächlichen Strom des intellektuellen Denkens niemals ganz erloschen. Sie schließt heute an die dritte Phase an, die des erleuchteten Menschen, der Gefühl, Verstand und Intuition gleichzeitig gebraucht, die Phase des ganzen Menschen, der seine höheren Fähigkeiten endlich wieder entfalten kann und alles wieder unmittelbar weiß, ohne Bücher und Schulen.

Der Mensch ist es, der sich ändert. Zunächst lebte er am Herzen von Mutter Erde und wußte wie das kleine Kind, daß er Teil des Ganzen war. Dann schuf er sich seine eigenen Begriffs- und Denkkategorien, nach denen er alles deutete; die Sonnenheiligtümer, von kreisförmigen Wällen umgebene Hügelkuppen, Hausberge genannt, deutete man als Wehranlagen, und die Erdstallen als Lagerkeller. Dies war die Sicht der Intellektuellen. Wenn man aber in die wissenden Augen alter Bergweiblein unter ihrem Kopftuch blickt und unter die buschigen Brauen alter Waldmännlein, begreift man, daß sie ihre Weisheit bewahrt haben und schweigen können. Das unterirdische Reich der Zwerge ist eine Analogie zu dem unterbewußten Reich der Urbilder, die manchmal an der Oberfläche und manchmal verdrängt, im Grunde aber unvergänglich sind. Die Zwerge aber gibt es wirklich!

## UNTERIRDISCHE GÄNGE

Als man in späteren Jahrhunderten oberirdische Burgen baute, wurden zunächst die unterirdischen Gänge und Kerker ausgehoben. Die Gänge führten entweder zu anderen Burgen oder zu Kirchen (heiligen Orten) oder an eine einsame Stelle im Wald. Wenn die Burg nach einer Belagerung gestürmt wurde, konnte man auf diese Weise immer noch entkommen (die Kirchen waren Freistätten, an denen niemandem ein Leid zugefügt werden durfte und jeder geschützt war). Man hat sehr viele solcher Gänge entdeckt, auch bei uns. Sie waren entweder aus dem Felsboden ausgehauen oder durch das Erdreich getrieben und mit Holzverstrebungen gesichert. Als sicherer Zufluchtsort in Notzeiten wurden ganze unterirdische Städte angelegt, z. B. in Belgien unter der Stadt Brüssel, wie St. Hilaire in seinem Buch *Rätselhaftes Belgien* beschreibt. Dort ist nachzulesen, daß darübergelegene Amtsgebäude die unterirdischen Gewölbe als Archive benutzen und Banken dort ihre Tresore einrichten. So sind noch viele andere Großstädte auf der Welt gewissermaßen doppelt gebaut. Wer durch die Straßen geht, hat keine Ahnung davon, was sich alles unter seinen Füßen befindet. Kapellen im Untergrund von Brüssel dienten zeitweilig als Kabarettbühnen; Fürsten nutzten die unterirdischen Gänge für nächtliche Eskapaden usw. In den Niederlanden hat man sehr viele unterirdische Gänge entdeckt, meist Fluchtwege, jedoch ließ man in ihnen gelegentlich auch Leichen verschwinden. Ob sie längs Kraftlinien verlaufen, ist uns nicht bekannt.

Im *Gelders Sagenboek* von Sinninghe wird u. a. folgendes berichtet:

In *Bergharen* stand ein Franziskanerkloster, in dem eigenes Vieh geschlachtet wurde. Im Jahre 1921 kam dort bei Grabungen der Eingang eines unterirdischen Gangs zum Vorschein, in dem Hunderte von Hörnern lagen.

Von Burg *Doorwerth* muß ein unterirdischer Gang zum Duno führen, in dem sich schwere Türen befinden, jedoch konnte man den Eingang nicht entdecken. In den fast zwei Meter dicken Mauern der Burg hat man aber einige Geheimtreppen gefunden.

Im *Oude Hout* in *Ede* liegt der Gutshof Nieuw Reemst, von dem aus ein unterirdischer Gang nach Oud Reemst führen muß. Bei Grabungen hat man zwar den Gang nicht gefunden, wohl aber Fundamente von gemauerten Feldsteinen, Urnenscherben, Bronzeschmuck und Silbermünzen sowie ein eingemauertes Skelett.

Im Haus *Marienborch* in *Arnhem*, gegenüber der Bakkerstraat, wohnten seit 1391 Beginen. Es heißt, daß von den Kellern aus ein unterirdischer Gang zum Kloster *Munnikhuizen* im Wald von Klarenbeek führte.

Das Haus *Kernhem* in *Ede* hatte eine unterirdische Verbindung zu einem eigenartig schädelförmigen Hügel in einem Wald in der Nähe des Kalverkamp; man fand einen eineinhalb Meter hohen Gang, jedoch ließ der Gutsverwalter niemanden hinein.

In *Zutphen* verläuft ein unterirdischer Gang von der St-Walburga-Kirche zur Proosdij am Ende des Markts bei den Drogenaps-Türmen. Dort wohnten die Kanoniker; wenn sie zum Meßdienst eingeteilt waren, kamen sie durch diesen Gang zum Chor. Dieser Gang wurde offenbar gebaut, damit sie sich nicht der Betriebsamkeit der Welt aussetzen mußten. Von Burg *Hoekelum* in Bennekom aus verlief ein unterirdischer Gang zu einem kleinen Hügel, auf dessen Anhöhe man die Grundmauern eines Gebäudes fand. Ein weiterer Gang, in dem man irdenes Geschirr entdeckte, führte in ein Gebiet, das den Namen De Laar trägt, vielleicht ein Hinweis auf einen heiligen Ort, denn die Laren waren die römischen Hausgötter.

In *Boekelo* bei Bennekom soll es tiefe unterirdische Gewölbe geben, in denen man früher viele Kinderskelette fand (vielleicht die beiseite geschafften Neugeborenen von Nonnen?).

*Boekelo* war ein heiliger Ort im Wald, ebenso wie *Het Loo*, von wo heute ein unterirdischer Gang zur Burg *Cannenburgh* in Vaassen führt.

Und dies ist nur eine Aufzählung dessen, was man allein in der Provinz Gelderland findet. Das Interesse für das Unterirdische, das zu Ausgrabungen und zum Gebrauch der Wünschelrute führt, läuft parallel mit der Erforschung des unterbewußten Teils der Menschenseele durch Psychoanalyse, Regressionstherapie (eventuell unter Hypnose) usw.; beides ist der gegenwärtig starken Wirkung des Planeten Pluto auf die Erde zuzuschreiben. Uranus, der Enthüller, läßt verborgene Schriften zum Vorschein kommen und den Boden seine Geheimnisse preisgeben.

## CAIRNS

In Schottland, aber nicht nur dort, findet man vielerorts eigentümliche Steinhaufen, die Cairns genannt werden. Sie bedecken zwar hin und wieder einen Grabhügel, jedoch findet man meist nichts weiter als diese aufeinandergestapelten Steine, deren Entstehung wie folgt erklärt wird: Wenn die Kelten in den Krieg zogen, nahm jeder Mann aus einem Dorf, der zu den Waffen eilte, einen Stein und warf ihn im Vorübergehen auf den Haufen. Diejenigen, die den Krieg überlebt hatten, nahmen bei ihrer Heimkehr wieder einen Stein von dem Haufen weg. Die Steine, die liegenblieben, waren dann das Mahnmal für die Gefallenen. Ihr Weg verlief vertikal, entweder in die Unterwelt der Göttin Hel oder nach oben zur Walhalla.

## GELADENE STEINE

Unter senkrecht stehenden langen Steinen (Menhiren) hat man gelegentlich Asche von Leichenverbrennungen gefunden, wobei man feststellte, daß der Stein selbst erhitzt worden war. Solche Steine sind dann als Grabsteine zu betrachten und damit die Vorläufer unserer heutigen Grabdenkmäler. Man kann einen solchen Stein als den versteinerten Menschen oder jedenfalls als den Träger der Kraft betrachten, die er zu seinen Lebzeiten besessen hat.

Untersuchungen (u. a. durch J. Havelock Fidler) haben ergeben, daß bei einem mit Kraft aufgeladenen Stein die Ladung durch *Erhitzen* konserviert wird.

Wenn die Leichenverbrennung in Verbindung mit einem Stein durchgeführt wird, geht die Lebensladung des eingeäscherten Menschen in den Stein über und bleibt dort lange Zeit erhalten.

So hatte man bereits drei Verfahren entdeckt, einen Stein für lange Zeit mit Kraft aufzuladen; Das Salben, das Behauen mit einem Hammer und das Erhitzen (das Brennen aus Lehm geformter Steine in der Sonnenhitze oder in einem Ofen verleiht dem Stein ebenfalls Kraft, wie wir bereits gesehen haben, sofern die Hitze nicht zu groß ist).

Das Berühren oder Salben mit der Hand genügt für eine Weile, jedoch läßt sich die Ladung (das Numen) durch Klopfen noch erhöhen. Von daher kommt der Brauch, daß man jedes Jahr an einem bestimmten Tag mit einer Gruppe von Menschen ein abgegrenztes Gebiet umrundet und die Grenzsteine beklopft. In späteren Zeiten verstand man den Sinn nicht mehr und beklopfte nur den Boden längs der Grenze.

Es hat sich gezeigt, daß ein Yin-geladener Stein ein größeres Strahlungsfeld besitzt als ein Yang-Stein. Havelock Fidler fand für Yin 72,5 und für Yang 60 cm. Innerhalb dieser Entfernung konnte ein Stein einem anderen seine Ladung mitteilen.

## STEINE UND STERNE

Was oben geschieht, soll auch unten geschehen – dies war ein Prinzip, nachdem unsere Vorfahren zu leben trachteten. Die kosmischen Muster mußten vom Menschen auf der Erde wiederholt werden, so wie auch der Mensch »nach Gottes Bildnis«, nach dem kosmischen Muster geschaffen ist. Er ist ein Abbild, eine Abspiegelung. Deshalb wiederholte man auch die Sternbilder in den Bauwerken auf der Erde. Man hat z. B. entdeckt, daß alle Marienkirchen (die an der Stelle der heidnischen Tempel der Göttin erbaut wurden), eine Abbildung des Sternbilds Jungfrau sind. Dem lag die Auffassung zu Grunde, daß es eine Wechselwirkung zwischen Sternen und Menschen und irdischen Geschöpfen, insbesondere Steinen, gibt. Der Verkehr zwischen Himmel und Erde ging in beide Richtungen: Man erinnerte sich an Besucher aus dem Raum und empfing sie auch immer noch; andererseits wurden Menschen, die auf Erden Großes geleistet hatten, zur Belohnung als Sterne an den Himmel versetzt (z. B. Orion).

Hierin liegt eine tiefe Wahrheit, denn das geistige Wesen des Menschen sendet Licht aus.

Um den Lauf der Sterne verfolgen zu können, hatte man überall Sternwarten errichtet. In unserem Gebiet waren es meist Holztürme in Wäldern, auf die strahlenförmig Wege zuliefen. Deshalb gibt es heute noch den Namen Sternwald. Oben auf den Türmen wurden die Sterne beobachtet und gedeutet; auch wurden Feuer entzündet, wenn an andere Türme in der Gegend, die in einer solchen Entfernung errichtet wurden, daß man die Feuer gegenseitig gerade noch wahrnehmen konnte, Nachrichten übermittelt werden mußten.

Waren diese Sternwarten nicht aus Holz, sondern aus Stein erbaut, können wir sie teilweise heute noch in einigen Landschaften finden, so z. B. die Rundtürme in England, Schottland und Irland, die auch noch andere Funktionen hatten.

Im Teutoburgerwald, der insgesamt heiliger Boden ist, und in dem als Haupttheiligtum die nach Sonne und Mond orientierten

Externsteine. Historische Sehenswürdigkeit im Teutoburger Wald. Die Steine erheben sich 38 m über die Wasseroberfläche.

Externsteine errichtet wurden, hat man auch einen Bauernhof entdeckt, der nach den Auf- und Untergangspunkten bestimmter Sterne ausgerichtet war. Es ist der Gutshof Gierke bei Detmold. Dieser wird in den Chroniken des Klosters Corvey »Astornholter« genannt: Sternwald oder Sternhalter. Die Berliner Astronomen *Riem* und *Neugebauer* und Prof. *Teudt* haben die sechs Ecken dieses Gebäudekomplexes untersucht und fanden sie nach den folgenden astronomisch bedeutsamen Punkten ausgerichtet: Aufgang von Pollux, Monduntergang am nördlichsten Punkt, Untergang von Capella, Untergang von Sirius, Mondaufgang am südlichsten Punkt, Aufgang von Spica. Die Nord-Südlinie verläuft längs der kürzesten Seite des unregelmäßigen Sechsecks. Das Gebäude war von sechs Wällen umgeben und datiert wahrscheinlich aus der Zeit um 1850 v. Chr. Die gleichen Sterne, nach denen hier die Eckpunkte ausgerichtet sind, waren auch im alten Griechenland, Ägypten und Babylonien Orientierungspunkte beim Bau von Heiligtümern. Die *Saros-Linie*, die den höchsten und den niedrigsten Ort des Mondes verbindet und auch in China gebraucht wurde, diente u. a. zur Vorausberechnung von Sonnen- und Mondfinsternissen. Die Astrologieschüler, die sog. *Kalander*, lernten, an welchen Eckpunkten sie stehen mußten, um den Auf- oder Untergang eines bestimmten Gestirns beobachten zu können, wobei festgelegte heilige Handlungen ausgeführt werden mußten. In Oesterholz, wo dieser Hof liegt, wurde in der alten germanischen Zeit ein sog. *Freigericht* abgehalten, ein Femegericht, bei dem die Dorfgemeinschaft selbst Recht sprach. Oesterholz ist (wie das brabantische Oosterhout) ein der Göttin *Ostara* geweihtes Waldheiligtum. Diese wurde am oder um den 21. März als Frühlingsgöttin verehrt; deshalb feiern wir heute auch um diese Zeit das Osterfest.

In *Mecklenburg* liegt bei Bützow und Sternberg der *Boitiner Forst*, wo auf einer Anhöhe 25 bis zu zwei Meter hohe Granitblöcke aus dem Boden aufragen. Sie bilden drei Kreise mit einem Durchmesser von 8 bis 14 Metern. Auf der anderen Seite der Straße befindet sich neben einer tiefen Schlucht ein anderer Steinkreis aus neun Steinen und einigen weiteren, die umgestürzt sind. Auf der Innenseite sind sie geglättet. Diese Steine werden der *Steintanz* genannt. Auch in England findet man Steinkreise, die *Giants Dance*, der Riesentanz, genannt werden. Die Schatten dieser Steine wandern nämlich im Laufe des Tages, d. h. sie tanzen (diese Angaben sind dem Buch von Rudolf John Gorsleben, *Hochzeit der Menschheit*, entnommen). Seit eindeutig bewiesen ist, daß der Steinkreis von *Stonehenge* in England alle wichtigen Positionen von Sonne und Mond bis weit in die Vergangenheit und die Zukunft angibt, muß man annehmen, daß andere Steinkreise in gleicher Weise als Abbild des Himmels und als Kalender errichtet wurden, auch wenn dies sicherlich nicht ihr einziger Zweck war.

Manchmal hat man jeden Stern eines Sternbilds auf der Erde durch eine Steinsetzung bezeichnet, so daß diese einige Kilometer von einander entfernten Steine zusammen das Sternbild darstellen. So finden wir z. B. in dem belgischen Ardennendorf *Weris* sieben Steine, die zusammen das Sternbild des Großen Bären bilden (beschrieben und abgebildet in dem Buch *Rätselhafte Ardennen* von Paul de St. Hilaire). Zwei der wichtigsten Steine davon sind das sog. *Teufelsbett* und der *Stein der Alten (pierre Haina)*.

Das *Teufelsbett* (das wir in *Sternenspiegel* umgetauft haben) ist ein liegender, mannshoher Stein mit einer Erhöhung an einem Ende, die man sich gut als Kopfstütze vorstellen kann. Zu bestimmten Zeiten bedeckte man den Stein mit Lehm und begoß diesen in klaren Nächten mit Wasser, in dem sich dann die Sterne spiegelten; an die Stelle der Sterne steckte man dann kleine Stöcke. Wenn das Wasser abgelaufen war, hatte man eine Sternkarte von diesem Augenblick. Wenn man sich auf dieses Steinbett legt, dann blickt man auf einen spitzen, schräg nach oben gerichteten Stein, der sich weiter oben auf dem gleichen Hügel befindet.

Dieser spitze, drei Meter hohe Stein wird jedes Jahr am Vorabend des Frühlingsanfangs weiß übertüncht; dies geschah ursprünglich durch die Dorfbewohner, dann durch die Groupe Ariane der *Europäischen Gesellschaft für Symbolik und Geschichte*. Er heißt daher auch der *Weiße Menhir*. Gleich in der Nähe, auf der flachen Kuppe des Hügels, ist ein Steinkreis angelegt. Als ich dort stand, bekam ich den Eindruck, daß der Menhir auch eine Bake für aus dem Weltraum kommende Ufos gewesen sein könnte, die hier landen wollten. Eine alte Überlieferung besagt, daß unter dem weißen Stein ein tiefer Gang zum Mittelpunkt der Erde führt und daß jedes Jahr an einem bestimmten Abend ein Wesen aus diesem Gang auftaucht, den Stein aufhebt, ein Ritual ausführt und anschließend auf dem sog. Teufelsbett ausruht; bei Sonnenaufgang soll es wieder in der Tiefe verschwinden. Ich dachte mir, daß vielleicht in der Frühlingsnacht die Atlanter, die im Innern der Erdkugel wohnen, und die anfliegenden Raumfahrer sich an dieser Stelle treffen, um eine Feier zu begehen.

Etwas weiter oben findet man noch ein zweites Teufelsbett, von dem aus man die Spitze des weißen Steins auf die Stelle am Horizont zeigen sieht, an der die Sonne zur Tagundnachtgleiche untergeht.

Dieser *Stein der Alten* oder Weiße Menhir gehört wie das heute Sternenspiegel genannte Teufelsbett zum Großen Bären auf der Erde. St. Hilaire entdeckte, daß es eine Verbindungslinie zu dem sog. Pas-Bayard oder dem *Tritt des Rosses Bayard* gibt, das die vier Haimonskinder trug. Dieser Stein sieht wirklich wie das Stück

Das Roß Bayard mit den vier Haimonskindern auf der Titelseite eines niederländischen Volksbuchs aus dem Jahre 1508.

eines Mühlsteins aus, wie er dem Roß um den Hals gebunden wurde und den es hier bei seinem gewaltigen Sprung in Richtung Durbuy abgeschüttelt haben könnte. Dies stimmt allerdings nicht mit der Richtung des Hufabdrucks überein. Der Frankenkönig Karl der Große hatte dieses prächtige feurige Roß mit der schwarzen Mähne seinem Besitzer Renout weggenommen. Weil er es jedoch nicht zähmen konnte, ließ er es mit einem Mühlstein um den Hals in die Maas werfen. Es warf jedoch den Stein ab, sprang über den Fluß und verschwand über die Baumgipfel zum Himmel, wo es den Großen Wagen zieht, der auch der Große Bär genannt wird. Dieser Wagen stammt ebenfalls von der Erde. Die Überlieferung berichtet, daß die Steinhauer, die die Mühlsteine aus den Felsen schlugen, über Karls Tat so entrüstet waren, daß sie ihre Arbeit liegen ließen, so daß man heute noch in den Ardennen u. a. bei Montenau und Tontelange halb bearbeitete Mühlsteine im Wald findet. Sie arbeiteten am Bau von Kathedralen mit, und auch Renout wirkte am Bau von Sankt Peter in Köln mit. Seine große Geschicklichkeit erweckte ihren Neid, weshalb sie ihn töteten und den Leichnam in den Rhein warfen. Dessen Wasser begann jedoch zu leuchten, und das herbeiströmende Volk zog den Leichnam heraus und legte ihn auf einen Wagen, den jedoch niemand fortbewegen konnte. Als man die Bemühungen aufgab, sah man, wie sich der Wagen plötzlich von selbst in Bewegung setzte, vom unsichtbaren Roß Bayard gezogen. Der Leichnam wurde in die Ardennenstadt *Créoigne* gebracht, wo er zur letzten Ruhe gebettet wurde, jedoch ist der genaue Ort heute nicht mehr bekannt.

St. Hilaire entdeckte, daß es sich hier um den Schnittpunkt des Meridians (Nord-Süd) und der Äquinoktiallinie (Ost-West) handelte; letztere wird durch den Stein der Alten und die 1500 m davon entfernt gelegenen Dolmen bezeichnet. Er fand zwei Dolmen, die später als nördlicher und südlicher Dolmen bezeichnet wurden, exakt an der Stelle, an der sie zu erwarten waren, sowie einige weitere Menhire bei der Ortschaft *Oppagne*, die bereits umgestürzt waren, aber wieder aufgerichtet wurden. Sie stehen jetzt inmitten eines Maisfelds unter einem großen Holunderbaum. Es sind offenbar zwei Stücke von einem großen Menhir und einem kleineren daneben. Nun befindet sich neben dem mittleren Stern von den dreien, die die Deichsel des Wagens bilden, ein kleines Sternchen, das Reiterlein, das man hier in der Gegend den Däumling (Petit Poucet) nennt (der Große Wagen heißt hier auch Char Poucet), arabisch Saidak, neben dem Stern Zeta. Es sind Mizar und Alkor im Großen Wagen.

Das Teufelsbett liegt an der Stelle von *Dubhe*, der nördliche Dolmen bei *Phekda*, der südliche bei *Alioth*, und schließlich gibt es noch einen alleinstehenden Menhir an der Stelle von *Megrez*. Letzterer wurde von dem Hund einiger Menhirsucher gefunden, der offenbar die Wünsche seiner Herren erraten hatte und an einer bestimmten Stelle aufgeregt zu graben begann – bis die Steine zum Vorschein kamen.

Die beiden großen Dolmen der Hünenbetten bestehen aus einer Reihe senkrechter Steine mit einem Deckstein. Es führt ein Weg dorthin, der durch Steine markiert ist. In einem der Dolmen hat man ein Skelett gefunden, jedoch ist ein Hünenbett, wie wir bereits wissen, nicht nur ein Grab. Das Ganze wird heute durch einen Zaun geschützt. Der nördliche Dolmen liegt an der Straße von Weris nach Barvaux, ist zehn Meter lang und besteht aus sechzehn mächtigen Puddingsteinen. An der Nordseite ist eine halbkreisförmige Öffnung als Visier ausgehauen. Diente dies der Beobachtung der Sterne und/oder als Ein- und Ausgang für die Seele des Begrabenen? Der südliche Dolmen, hier allée couverte, bedeckter Gang, genannt, besteht aus zwanzig großen Steinen, ist sieben Meter lang und besitzt ebenfalls ein Visier. Dieser liegt versteckt unter Sträuchern. (Es ist anzunehmen, daß beide ursprünglich mit heiligen Bäumen umfriedet waren). Er entspricht dem Stern *Alioth*. Der Danthine-Menhir, der heute an der Straße von Erézee nach Barvaux steht, wurde in dem angrenzenden Acker gefunden. Weil ihn der Bauer dort nicht haben wollte, nahm ihn Frau Prof. Danthine in ihre Obhut und ließ ihn an seinem heutigen Platz aufstellen. Dieser Menhir entspricht dem Stern *Megrez* und gibt mit Phekda die Nordrichtung an.

An der Stelle des Sterns Merak im Großen Bären fanden wir keinen Stein, dafür eine Quelle, den sog. *Brunnen von Morville*. Gleich in der Nähe steht die Kapelle von St. Isidor, der mit seinem Stock gegen die Felsen geschlagen und die Quelle zum Sprudeln gebracht haben soll. Ähnliches wird von vielen Heiligen berichtet und ist natürlich ohne weiteres möglich, wenn es sich um eine verdeckte Quelle handelt. (Bernadette de Soubirous hat mit bloßen Händen die Quelle von Lourdes ausgegraben!) Das Zeichen Isidors ist ein Pflug mit einem Engel, der ihn führt. Nun wird in den Ardennen der Große Bär auch der Pflug genannt. Folglich ist der Engel der Geist des zugehörigen Sterns *Merak*.

Der letzte Stern des Großen Bären, *Benetnasch*, am Ende der Deichsel, wird durch den sog. *Pas Bouhaimont*, den *Tritt des Ochsen von Haimon* dargestellt. Dieser war ein Fuhrmann, der den Großen Bären oder Wagen zu dem danebenliegenden Sternbild des Bärenhüters (in anderen Gegenden Ochsenhüter genannt) führte. Bei diesem Tritt handelt es sich um eine Vertiefung in einem Kalkfelsen an einer Straße, die den Wald von Bouhaimont durchschneidet.

Der nördliche Dolmen, auf den der weiße Menhir hinweist und der den Stern Phekda markiert, bezeichnete die Nordrichtung in den Jahren 3995–3700 v. Chr. Dies ist ein Hinweis auf die Zeit, in der diese Steine als Abbild der Sterne und als Kalender gesetzt worden sein müssen.

Bei den Dolmen von Bellignies in *Bavay* hat man auf dem Deckstein eine Darstellung des Großen Bären gefunden, wobei wiederum Phekda Polarstern ist.

Gleichzeitig zeigt sich, daß eine Reihe von Sternensteinen am 50. Breitengrad liegen, nämlich die Dolmen von Weris, diejenigen von Bellignies, der Teufelsstein (Pierre du Diable) von Poilvache, der Zeupire von Gozée – und diese Linie ist für alle von ihnen die Äquinoktiallinie. Es soll auch ein Linie von Bavay nach Carnac in der Bretagne verlaufen!

Die sog. *Faustkeile*, die man in den Ardennen findet, weisen häufig Darstellungen des großen Wagens und einige Diagonalen auf (dies wurde von Mitgliedern der Société Astronomique de France entdeckt).

In den Ardennen gibt es noch viele weitere eigentümliche Steinmonumente, auch in Luxemburg und den angrenzenden Gebieten Deutschlands. So liegt bei Altlinster in Luxemburg der sog. *Fels der Heiden* (Roche des Payens), ein gewaltiger Felsblock, in den zwei Figuren eingehauen sind, vermutlich Göttergestalten. Sie tragen gallische Kleidung. Dieser Stein ist sechs Meter hoch und fünf Meter breit. Daneben liegen noch viele weitere Steine von eigentümlicher Form, die Menschenhäupter, eine Sphinx, einen Löwen, eine Schildkröte darstellen. Die ganze Gruppe wird *Tempel Herthas* genannt.

In dem Buch *Rätselhafte Ardennen* von St. Hilaire sind die Routen angegeben, die an diesen Steinen vorbeiführten, mit einem sehr interessanten Kommentar.

Wie man in den Niederlanden in verschiedenen Gegenden einen Sternenwald findet (z. B. bei Naarden und bei Breda), so findet man im Süden Belgiens Städte, von denen sieben Straßen in andere Städte führen, deren Namen darauf hinweisen, daß sie den sieben Planeten geweiht sind, z. B. Cassel und Bavay. Cassel war einst Hauptstadt der Menapier, und die sieben Straßen führten nach Zuydcote, Mardijck, Boulagne, Thérouanne des Morins, Amiens via Aire, Arras via Estaires und Wervik.

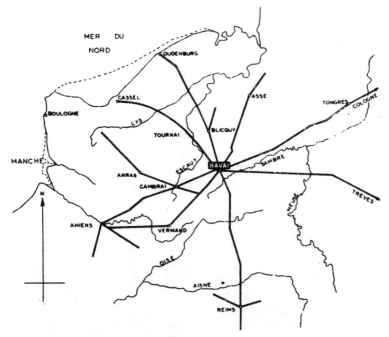

Die Straßen um Bavay um 200 n. Chr.
Die meisten dieser Straßen verlaufen auch heute noch so.

Von der Grenzstadt Bavay (heute 3000 Einwohner) führten sieben vollkommen gerade Straßen jeweils an einen ganz bestimmten Punkt am Horizont (siehe St. Hilaire in seinem Buch *Rätselhaftes Belgien*). Diese durchqueren vom Hennegau aus ganz Belgien. Sie lagen früher auf dem Gebiet des Königreichs Neustrien. Belgien ist übrigens von dem Namen des Gottes *Bel*, des Sonnengottes, abgeleitet, und die sieben Planeten waren und sind die Vollstrecker seines Willens. Diese sieben Straßen werden die Brunehault-Straßen genannt. Im 14. Jh. machte ein Mönch namens *Jacques de Guyse* aus Valenciennes die Abfassung einer 15-teiligen Chronik mit dem Titel *Antiquiteiten uit het land van Henegouwen en de grote stad der Belgen*, die lateinisch Bavay hieß, zu seinem Lebenswerk. Ein gewisser *Bavo* hatte den Ort für die Errichtung eines Bel-Tempels ausgewählt. So entstand die Stadt und ein Palast mit neun bis zwölf Meter dicken Mauern, 35 Meter hoch, einer quadratischen Grundfläche und vier 150 Meter hohen Türmen; rings um den Palast entstanden Häuser, und das Ganze wurde mit Befestigungswällen und vielen Türmen und sieben Toren umgeben.

Von dort nahmen die sieben Straßen ihren Ausgang, die fünf Könige später, unter dem Herrscher *Bruneholde*, auf 50 Meter verbreitert und gepflastert wurden. Vier von ihnen waren mit Ziegeln befestigt und von Eichen und Marmorsäulen gesäumt; dies waren die Straßen von Jupiter, Mars, der Sonne und Venus. Die übrigen drei, die mit Marmor, Schiefer und schwarzen Steinen gepflastert waren, waren Saturn, Merkur und Luna (dem Mond) geweiht.

In der Mitte der Stadt wurde als Omphalos ein siebeneckiger Stein aufgestellt, der mit einer Darstellung der sieben Planeten und Gottheiten verziert war; darüber erhob sich eine große Bel-Statue. Dies war der Sternhimmel auf Erden gemäß der Regel: *Was oben geschieht, geschieht auch unten.*

Im vorigen Jahrhundert hat man an dieser Stelle eine andere siebeneckige Säule errichtet, auf der die Namen der Orte angegeben sind, zu denen diese Brunehold-Straßen führen: Utrecht, Köln, Trier, Reims, Soissons, Amiens und Doornik. Unter dem eifrigen Forscher Kanonikus *Briévelet* kamen bei Ausgrabungen beeindruckende Ruinen zum Vorschein: Ein mehrere hundert Meter langes Gebäude, von einem Säulenwald gestützt, wie man ihn in ganz Gallien bisher noch kein zweites Mal gefunden hat; in makelloser Harmonie sind dort blaue, weiße und rote Steine ineinander gefügt.

Unter einer der sieben Straßen fand man eine noch ältere keltische Straße, 2000 Jahre alt, die mit Quenastersteinen gepflastert ist. Außerdem entdeckte man zwei Vasen, auf denen im Relief sieben Antlitze abgebildet sind, wobei neben einigen noch ein Stab oder ein Rad dargestellt ist: Die sieben Planetengottheiten. Der Kopf von Mars ist aus drei Köpfen zusammengesetzt, und sein nach Westen verlaufender Weg gabelt sich außerhalb von Bavay in drei Wege. Der mittlere führt an der mächtigen Burg von Lucheux vorbei, heute eine Ruine, deren großer Saal von sieben Doppelfenstern erhellt wurde, während die Konsolen im Anlauf der Gewölbebögen in Gestalt des dreifachen Gesichts von Mars ausgebildet waren. Ein in der Nähe gelegener Hügel, der offenbar ursprünglich Mars geweiht war, wurde in Dreifaltigkeitsberg umbenannt, später *St.-Aubert-Berg*, ein vielbesuchter Wallfahrtsort von 149 Metern Höhe.

Wie zu erwarten war, zeigte sich, daß die Sternenstadt Bavay zu dem großen Netz von Tempel-Sternwarten in ganz Europa gehörte, das u.a. wegen der gewaltigen Menhire in der Bretagne und der Alignements bei Carnac so bekannt ist. Der Konservator des archäologischen Museums in Vannes hatte bereits darauf hingewiesen, daß die Steinreihe von Kermario nach dem Sonnenaufgang bei Sommeranfang orientiert war. Die Steinreihe von Kerlescan verlief längs der Äquinoktiallinie. Die dazwischenliegenden Sonnenaufgangspunkte vom 6. Mai und 8. August wurden durch die Steine von Menc bezeichnet, die Winteraufgangspunkte durch die Menhire von Sainte-Barbe und von St. Pierre de Quiberon. Nun zeigte sich, daß die Steinreihe von Menec die Richtung nach Trier angab. Der Kermario-Stein von Carnac, der den Sonnenaufgang bei Sommeranfang angab, bezeichnet die Richtung nach Bavay. Später wurden in ganz Europa Burgen und Kirchen an den alten heiligen Punkten errichtet, und von einem Flugzeug aus kann man den Stern erkennen, zu dem alle heiligen Steinkreise und Straßen der fernen Vergangenheit gehören.

In Frankreich gibt es noch etwa 5000 aufrecht stehende Menhire, und auch in Belgien hat man eine große Zahl von Menhiren gefunden; sie wurden jedoch zum Teil entweder gestohlen oder verschleudert, wie z. B. die sog. Zeupire oder Jupitersteine (Zeuspires) von *Gozée*, die als Pflastermaterial verkauft wurden. Ein einziger von ihnen ist noch erhalten; er steht am Rand der Straße nach Beaumont, wo er fünf Meter aus dem Boden herausragt. Er weist die gleiche »Nase« auf wie der größte Menhir in Belgien, der *Brunehault-Stein* in *Hollain*, siebeneinhalb Meter hoch und schätzungsweise 30 Tonnen schwer. Der Menhir von Nimy (Memetus), einst in einem Waldheiligtum der Druiden errichtet, wurde in Scheiben geschnitten und verkauft! Dieser Zeupire hat, wie auch der Stein der Alten bei Weris, eine Spitze, die in eine bestimmte Richtung weist.

Alle diese Zeugen der kosmisch orientierten Kultur unserer Vorfahren sind heute noch vorhanden – wenn wir sie nur verstehen wollten!

## SCHERPENHEUVEL

Ein anderer heiliger Ort, der der Sieben geweiht ist, ist die Kleinstadt *Scherpenheuvel* bei Brüssel, wo einst zur Abwehr des aus dem Norden hereindrängenden Protestantismus über sieben Quellen eine große Kirche erbaut wurde. Bei dieser Kirche sind sechs Seitenkapellen um ein Mittelschiff gruppiert. Sie ist an der Stelle eines Tribergs errichtet, eines spiralförmig sich verengenden Gangs, in dem man einst zu Ehren der Sonne und der sieben Planeten, ihrer Kinder, tanzte. Oben auf dem Hügel stand damals eine *heilige Eiche*, die jetzt auf dem Altar dargestellt ist. Im

Fußboden ist das Siebengestirn abgebildet. Sechs kleine Kapellen um das Mittelschiff ergeben die Siebenzahl (rings um die Sonne: Mond, Merkur, Venus, Mars, Jupiter und Saturn).

Scherpenheuvel ist der Mittelpunkt eines Sterns von Kraftlinien auf flandrischem Boden.

## STERNE UND UFOS

Daß Steinkreise auf natürlichen oder künstlichen Plattformen Landeplätze für Ufos bezeichnen können, die aus der Luft gut sichtbar sind, sahen wir bereits beim Stein der Alten in der Gegend des belgischen Weris. Ähnlich markante Plätze gibt es in der ganzen Welt; meist steht in der Nähe auch ein Stein mit einer abstehenden Spitze, die in eine bestimmte Richtung weist.

Solche Landeplätze werden häufig auch durch große Tierdarstellungen in der Landschaft markiert, wie z. B. die bekannten weißen Pferde in England, deren Umrisse durch Abtragen des Pflanzenwuchses, wodurch der weiße Kalkstein freigelegt wurde, sichtbar gemacht wurden. Berühmt sind auch die riesigen Tierdarstellungen auf den Hochflächen der Anden, über die u. a. Erich von Däniken geschrieben hat.

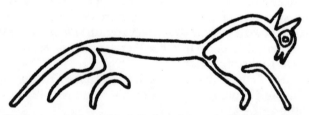

Das weiße Pferd von Uffinton (Grafschaft Berkshire, England). Länge etwa 110 m.

Diese Umrisse sind durch Steinreihen oder durch ausgeräumte Kanäle in Geröllfeldern oder, in dichter besiedelten Gebieten, durch Gräben, Straßen, Hecken oder ähnliches kenntlich gemacht. Da diese Formen nur aus der Luft zu erkennen sind und sie aus alten Zeiten stammen, müssen entweder die damaligen Erdbewohner die Kunst des Fliegens beherrscht haben oder sie wurden von Raumfahrern von anderen Sternen und Planeten oder Raumstationen besucht. Letzteres wird nicht nur in der Bibel und in vielen anderen uralten Büchern verschiedener Völker berichtet, sondern geht auch deutlich aus den in den Felsen geritzten Darstellungen von Gestalten hervor, die Menschen in Rauman-

Die Osterinseln. Steinskulpturen, die wieder in ihrer ursprünglichen Stellung aufgerichtet wurden.

zügen mit Antennen auf ihrem Helm gleichen. Andere sieht man in einer Art Düsenjäger mit allem, was dazugehört, sitzen.

Von diesen Besuchern aus dem Raum haben die Erdbewohner sehr viele Techniken gelernt, u. a., wie man durch bestimmte Zaubersprüche riesige Steinblöcke durch die Luft bewegen und an jedem gewünschten Ort absetzen konnte. Eine diesbezügliche Überlieferung gibt es z. B. auf den Polynesischen Inseln, wo man mächtige Ruinen von Gebäuden gefunden hat. Die gewaltigen Steinbildnisse auf den Osterinseln könnten in dieser Weise an ihren Platz gelangt sein. Tiefseetaucher haben rings um diese Inseln auf dem Meeresboden beeindruckende Überreste von Städten, Straßen und Gebäuden gefunden, die von dem Kontinent Lemuria stammen müssen, nach dessen Untergang in einer einzigen Nacht nur mehr die Berggipfel übrigblieben, die heute die Inseln im Stillen Ozean sind.

In vielen Untersuchungen und Studien wurde gezeigt, daß Ufos, Raumschiffe, zu allen Zeiten die Erde besucht haben. Manchmal haben sich die männlichen Insassen mit irdischen Frauen verbunden, woraus die Riesen und Helden der Mythen und Sagen entstanden sind, auf die einige Königsgeschlechter ihre

Abstammung zurückführen. Ihre Nachfahren haben allmählich ihre höheren Fähigkeiten verloren, aber es scheint, daß sie sich heute wieder reinkarnieren: Knaben unterrichten heute Professoren in modernen Techniken bezüglich Kernspaltung usw.

Da die Regierungen der großen Staaten der Erde gegenüber den Gästen aus dem Raum so mißtrauisch sind, ist dies sicher auch die einfachste Art, um auf der Erde wieder Fuß zu fassen. Durch Medien, die manchmal speziell von östlichen Meistern dazu ausgebildet wurden, empfängt man seit 1945 Warnungen, daß man doch durch die Zündung von Atombomben nicht das ganze Sonnensystem in Gefahr bringen soll. Der Sprecher sagt dann, daß er ein Bewohner eines Planeten oder eines Sterns oder einer Raumstation ist.

In uralten Mythen wird berichtet, wie man, zunächst etwas ängstlich, mit den Besuchern aus dem Raum Freundschaft geschlossen hat.

Um ihnen die Landung zu erleichtern, hat man überall Landeplätze mit Baken angelegt; ein Beispiel hierfür sind die Linien bei *Nazca* im peruanischen Hochland. In Europa gibt es in der Gegend des englischen Glastonbury einen ganzen *Tierkreis*, der seit uralten Zeiten in die Landschaft eingegliedert ist, den man jedoch erst entdeckte, als man die Erde vom Flugzeug aus erkunden konnte.

## WACKELSTEINE

Die sog. Wackelsteine (pierres tremblantes, rocking stones) sind abgeplattete Steine, die auf der Spitze eines Felsblocks gerade im Gleichgewicht liegen und sich durch die Naturgewalten manchmal bewegen, jedoch ohne jemals zu fallen. Man findet sie an verschiedenen alten heiligen Orten, u. a. auf den Externsteinen. Die Überlieferung besagt, daß dies Einweihungsorte waren, und daß der Kandidat bei den letzten Prüfungen in einer Art Gottesurteil an ihnen vorbeigeführt wurde: War sein Streben nach Einweihung nicht vollkommen rein, dann stürzte der Stein mit tödlicher Wucht auf ihn nieder. Diese Deutung kann jedoch auch späteren Datums sein.

Bei *Amaliendorf* im österreichischen Waldviertel liegt ein großer Wackelstein, den man angeblich mit einem einzigen Finger zum Wackeln bringen konnte. Böse Buben haben jedoch so viele Steine untergelegt, daß dies nicht mehr möglich ist. Dieser Stein ist fünf Meter lang und dreieinhalb Meter hoch. Er liegt auf dem Boden und ist offenbar Teil eines Steinkreises, zu dem auch die *Napfsteine* gehören.

Unsere Auffassung ist die, daß ein Wackelstein durchaus auch bei der Einweihung in eine Geheimlehre eine Rolle gespielt haben kann. Vermutlich mußte der Kandidat durch die erlernte Atembeherrschung in der Lage sein, den Stein mit den beiden Zeigefingern aufzuheben. Es gehört z. B. zum persischen Mazdaznan-Yoga, daß man mit angehaltenem Atem zu zweit einen schweren Mann, der auf einem Stuhl sitzt, mit zwei Zeigefingern hochheben kann.

## DREHSTEINE

In manchen Gegenden liegen viele Steine, die Drehsteine heißen, *pierres tournantes*. Daß eine Sonnenblume sich mit der Sonne dreht, ist bekannt; aber ein Stein? Wir vermuten, daß hiermit das Wandern des Schattens dieser Steine im Laufe des Tages gemeint war. Vielleicht war damit auch eine heilige Handlung verbunden. Man spricht ja in England und Irland im Zusammenhang mit einem Steinkreis (Cromlech) von einem Steintanz oder Riesentanz und bezieht sich dabei auch auf die wandernden Schatten.

In Belgien erwähnt St. Hilaire die Drehsteine in Virginal-Samme (Brabant), bei Velaine sur Sambre (Namur), bei Sautin (Hennegau) und bei Baileux (Hennegau).

## SCHALENSTEINE

Schalensteine sind Natursteine mit einer Reihe von Vertiefungen, die im allgemeinen aussehen, als wären sie von Menschenhand gemacht. Man findet sie in ganz Europa, u. a. in Belgien und vor allem in Österreich. Wir ließen uns sagen, daß die Vertiefungen durch das Schleifen von Messern entstanden und später für Mehlopfer gebraucht wurden. Wenn es dann regnete, entstand ein Brei (für die Heinzelmännchen?). Häufig werden sie heute noch am Allerseelentag im Herbst gebraucht; man gießt dann Wachs oder Öl hinein und einen Docht, der entzündet wird.

Die Wissenschaft meint, daß die Schalen durch natürliche Temperaturschwankungen entstanden sind... In manchen Gegenden werden die Vertiefungen am Totengedenktag mit Speisen gefüllt, damit sich die Verstorbenen an dem ätherischen Bildnis sättigen können, oder man bringt diese Speisen den

Göttern als Opfer dar, um ihren Segen für die Feldfrüchte zu erwirken. Wenn Vögel die Speisen aufpickten, erkannte man sie als Träger der Seelen. Später brachte man am Eingang von Kirchen und bei Gräbern ebenfalls solche künstlichen Aushöhlungen an. In der Nähe des belgisch-limburgischen Dorfs *Zonhoven*, einem alten Sonnenheiligtum mit einer heiligen Eiche, bei der man eine Kapelle errichtet hat, findet man ebenfalls solche Schalensteine. Beim Berglitzl bei Mauthausen in Österreich hat man bei einem Schalenstein viele Reste von geschlachteten Tieren und Menschen (?) ausgegraben.

In diesen Vertiefungen bleibt das Regenwasser noch eine Weile stehen. Man spricht in Österreich dann von einem Steinbrunnl und glaubt, daß dieses Wasser Heilkraft für die Augen besitzt.

In Skandinavien schmiert man Fett in die Schalen, um eine gute Ernte zu erwirken. Auf dem Berg Sinai melkt man die Ziegen hinein. In Indien gibt es ebenfalls Schalensteine; dort reibt man als Symbol für den Koitus mit einem Gegenstand in den Vertiefungen.

## VISIERSTEINE

Bei den Hünenbetten, Dolmen oder allées couvertes rings um das belgische Weris fanden wir bei manchen Steinen halbkreisförmige Öffnungen, durch die man an bestimmten Tagen, wie z. B. Sommer- und Winteranfang und den Äquinoktien, den Aufgang und Untergang der Sonne beobachten konnte. Solche Steine nennt man Visiersteine. Auch stehen, wie z. B. in Stonehenge, häufig zwei Steine nebeneinander, die eventuell durch einen Deckstein miteinander verbunden sind, durch welche man die Sonne aufgehen bzw. untergehen sieht. Manchmal wurde zu diesem Zweck ein Spalt oder ein rundes Loch (Externsteine) geschaffen bzw. vergrößert. Dadurch kann man feststellen, wann der heilige Tag angebrochen ist.

In Wales war es üblich, daß der junge Vater bei der Geburt seines ersten Sohnes zwei Steine aufstellte, zwischen denen dann die Sonne (oder der Mond) aufging, damit man die Geburtstage, d. h. das Alter angeben und andere Zeitberechnungen machen konnte.

## STEINE ALS SCHALLVERSTÄRKER (ORAKELSTEINE)

Geladene Steine wie z. B. Menhire, die über einer bedeckten Quelle aufgerichtet wurden, um die Kraft des Drachen zu bannen, wurden vielleicht auch dazu benutzt, um die Stimmen der Geister, Götter und der Seelen der verstorbenen Ahnen zu verstärken und hörbar zu machen. Es handelte sich dann um *Orakelsteine*. Zunächst kamen sie natürlich vor, später wurden sie absichtlich an einen Ort gesetzt, wo die Kraft spürbar aus dem Boden aufstieg. Nach dem Ausklingen der magischen Phase entfernte man manchmal auch einen natürlichen Orakelstein von seinem Platz und setzte ihn als Omphalos an den Mittelpunkt einer neugegründeten Stadt; an dieser Stelle befand sich meist wiederum eine bedeckte Quelle, die den Stein fortwährend auflud (unsere Plattenspieler sind nichts Neues!). Wenn in den Stein heilige Texte eingeritzt waren, dann wurden diese durch den Stein so aufgeladen, daß ihre Wahrheit und ihr Sinn sich im Äther fortpflanzten.

## FENG SHUI

Die Wissenschaft vom rechten Umgang mit den Kräften des Himmels und der Erde hieß im kaiserlichen China *Feng Shui*, Wind/Wasser, die bewegenden Kräfte des Himmels (Wind) und der Erde (Wasser). Der Mensch hat die Aufgabe, sie in der Landschaft und in den Wohnstätten der Menschen (bei den Lebenden: Häuser und Städte, bei den Toten: Gräber) im Gleichgewicht zu halten. Mit seinen Bauwerken kleidet der Mensch die Erde.

## DIE KRAFT CHI

Wind und Wasser sind Erscheinungsformen der einen großen Kraft, Chi genannt, die sich auf der Erde in die entgegengesetzten Kräfte Yang und Yin spaltet, die eigentlich Richtungen sind: Yang ist das Sein, das vom Himmel zur Erde geht und Form annimmt; Yin ist die Form, die von der Erde zum Himmel geht und sich verflüchtigt. Sobald sie im Gleichgewicht sind, beginnt das eine wieder auf Kosten des anderen zuzunehmen, bis von diesem fast nichts mehr übrig ist; dann kehrt sich die Richtung um, und das Schwächere verstärkt sich wieder, um nach Erreichen des Gleichgewichts weiter bis zum äußersten Punkt zuzunehmen, an dem sich der Prozeß wieder umkehrt.

Die Erdoberfäche unterteilt man in vier Haupt-Windrichtungen, denen die vier Elemente (das fünfte liegt in der Mitte), die vier Jahreszeiten, die vier Hauptfarben und vier Tiergestalten zugeordnet sind.

| *Yang* | *Yin* | *Yang* | *Yin* |
|---|---|---|---|
| Süd | Nord | Ost | West |
| Feuer | Wasser | Holz | Metall (Gold) |
| Sommer | Winter | Frühling | Herbst |
| Rot | Schwarz | Grün | Weiß |
| Phönix (Vogel) | Schildkröte | Drache | Tiger |

Die Kraft Chi fließt durch die gewundenen Kanäle, die Blutgefäße des Erdenleibs, durch die Erdkruste und sammelt sich in bedeckten Quellen an, wo sie manchmal zur Oberfläche durchbricht. Gelegentlich sprudelt sie auch aus Bergkämmen und Hügelkuppen. Sie wird vom Wasser festgehalten und ergibt dann Fruchtbarkeit. Der Wind läßt Chi verfliegen. Der Mensch versucht, Chi aufzufangen, und muß darauf achten, daß der Kraftfluß nicht versiegt (z. B. in künstlichen, geraden Kanälen). Chi wird aufgefangen in Bauwerken wie z. B. Tempeln (Wohnort der Götter und Geister, die die Landschaft beherrschen und beschirmen) und Menschenhäusern. Ein wilder Strom in einer unwirtlichen Landschaft muß gebändigt werden, während ein zu träger Strom in der Ebene z. B. durch Aufstellen geladener Steine an seinen Ufern beschleunigt werden muß (man denke etwa an die Säulenaltäre längs der vier Kraftkanäle, die in den vier Windrichtungen des kaiserlichen Palasts ausgegraben wurden). Diese Steine erreichten manchmal, bedingt durch die Weite der Ebene, die Höhe von Türmen. In Europa findet man etwas Ähnliches: Die Steinkapellen an Wallfahrtsrouten entlang unterirdischer Wasserbahnen, an deren Ende eine (heilige) Quelle lag.

An der Gestalt der Landschaft kann man die Art des Chi-Stroms ablesen.

Chi wird in China der *Drache* genannt, in Europa die Weltschlange, die die Erde umfaßt und ihren eigenen Schwanz verschlingt: Der Ouroboros.

Die kaiserlichen Kraftkanäle hießen daher auch die Drachenwege. Der Drache ist überall das Bild der Schöpfungskraft, des Lebens (Sein, das Gestalt annimmt), das die irdische Schöpfung (Natur) in Gang hält. Im patriarchalischen China wurde Yang stets mehr geschätzt als Yin; das Hohe und Spitze mußte drei Fünftel der Landschaft ausmachen, das Runde zwei Fünftel.

## DER KAISER

Der Kaiser war der Mittler zwischen Sonne (Yang) und Erde (Yin), der Lebensspender, Heiler und Ernährer. Er stand mit der Sonne auf und ging mit der Sonne zu Bett. Am Winteranfang fastete und betete er allein in der Mitte seines Palasts. Außerhalb davon durfte er nur über einen Läufer schreiten oder mußte er in einer Sänfte getragen werden, damit er nichts von der Yang-Kraft der Sonne, die er aufgenommen hatte, an die Yin-geladene Erde verlor. Die Drachenpfade verteilten seine Kraft über Volk und Land. An deren Zustand war abzulesen, inwieweit der Kaiser seine Pflicht tat. Im großen Gesetz aus dem Jahre 1050 v. Chr. heißt es:
  Eine Störung der Sonne (z. B. Finsternis) ist die Schuld des Kaisers.
  Eine Störung rings um die Sonne ist die Schuld des Hofs und der Minister.
  Eine Störung des Monds ist die Schuld der Kaiserin oder des Harems.
  Bei zu lange anhaltendem schönem Wetter ist der Kaiser faul.
  Bei übermäßiger Bewölkung mangelt es dem Kaiser an Verstand (sein Geist ist bewölkt).
  Bei zu viel Regen ist der Kaiser ungerecht.
  Bei Trockenheit ist er gleichgültig.
  Bei Sturm faul.
  Schlechte Ernte ist die Schuld der Regierung.
  (Diese Rolle des Fürsten als Repräsentant der Sonne findet man in der ganzen Welt).

## DIE STÄDTE

Die Städte mußten viereckig und mit vier Toren gebaut werden, die genau nach den vier Himmelsrichtungen lagen. Die zwei Hauptstraßen, die die Tore verbanden, kreuzten sich in der Mitte der Stadt. Dort wurde als Nabel der Stadt ein Stein gesetzt, und der umliegende Bereich wurde zum Hauptplatz, auf dem feierliche Veranstaltungen, aber auch der Markt abgehalten wurden. Der Stein, in Europa Omphalos genannt, der in der Hauptstadt die

Mitte des Reichs bezeichnet, muß an einem hoch mit Chi aufgeladenen Ort stehen (einer bedeckten Quelle, bei der die Kraftlinien spriralförmig nach oben verlaufen). Auf diesem Stein nimmt das Orakel, der Prophet oder der geistliche Führer des Volks Platz, um dem Fürsten und dem Volk die Botschaft der Gottheit zu verkünden. Der Ort für die Gründung der Stadt wurde von einem Geomanten ausgewählt. Manchmal hatte er dort mit einem Stock auf den Stein geschlagen und die bedeckte Quelle zum Sprudeln gebracht (dies wird später in vielen Heiligengeschichten berichtet), nachdem seine Kompaß-Wünschelrute den Ort angegeben hatte, an dem die bedeckte Quelle lag. In diesem Fall war die Quelle der Mittelpunkt, und das Wasser wurde durch den Stein ins Freie geleitet, wo es den Bewohnern der Stadt zur Verfügung stand. (In den meisten alten europäischen Städten steht der Brunnen mitten auf dem Marktplatz). Eine Quelle ist Wasser, das von selbst aus der Erde hervorquillt. Ein Brunnen ist stillstehendes Wasser, das der Mensch mit Steinen ummauert hat, oder ausströmendes Wasser, das der Mensch durch Stein oder Holz leitet. Dieses Wasser, als Endpunkt einer Kraftlinie, ist lebensspendend und heilend. Deshalb werden viele Brunnen an bestimmten Tagen aus Dankbarkeit mit Blumen geschmückt. Auch das Hineinwerfen von Münzen in den Brunnen (z. B. in Rom) ist ein Dankopfer.

## DIE STADT

Anstelle eines Steins wurde in manchen Städten in den Mittelpunkt ein Baum gepflanzt – sofern man nicht gerade umgekehrt die Stadt rings um den Baum errichtete, der dort bereits stand. Der Baum zieht ja das Chi mit dem Grundwasser aus der Erde nach oben und verteilt die Kraft durch seine Zweige. (So wurden in Europa die Holzhäuser der Volksanführer um einen Baum gebaut, dessen Krone über das Dach hinausragte; dieser Baum hielt die Verbindung zwischen Himmel und Erde, zwischen der Gottheit und den Bewohnern aufrecht. In Notlagen umarmte man den Stamm und bat ihn um Rat, der auch erteilt wurde, wenn man genau zuhörte).

Manchmal wird in einer alten Stadt der Strunk eines solchen heiligen Baums nach seinem Tod noch durch einen Zaun geschützt. Dies ist z. B. im englischen Carmarthen der Fall, wo der Zauberer Merlin einst sagte: Diese Eiche muß stehen bleiben, denn sonst wird Carmarthen untergehen. – Um die Stadt wurde eine Mauer gezogen und davor ein Wassergraben ausgehoben. Wenn die Stadt auf eine Anhöhe gebaut wurde, errichtete man auf dem Hügel mehrere konzentrische Mauerringe, so daß eine Zitadelle entstand. Die Mauern und Wassergräben dienten nicht nur dazu, um Räuber oder ein feindliches Heer fernzuhalten, sondern auch zur Abwehr von Geistern und Dämonen. Schließlich versuchte man damit auch, schädliche Schwingungen nach außen und vorteilhafte nach innen zu lenken, wozu man die Steine für die Mauern vorher beklopfte, so daß sie außen yin und innen yang aufgeladen wurden. Dies geschah z. B. bei der Chinesischen Mauer und dem Limes der Römer. Dörfer waren häufig mit Holzpalisaden mit einem einzigen Eingang umgeben; die Häuser waren im Kreis angeordnet, und bei Gefahr brachte man das Vieh auf dem Innenhof in Sicherheit (solche Dörfer gibt es noch bei den Wenden). Die Mauern um Klosterhöfe und Landhäuser dienen dem gleichen Zweck.

Insbesondere die *Wassergräben* verhindern den Durchgang unerwünschter Kräfte durch die Macht des Wassers; dies ist der Fall bei allen Burgen, die von einem Burggraben mit Zugbrücke umgeben sind. Das Wasser leitet ja das Chi!

Die vier verschiedenen *Tore* haben ebenfalls unterschiedliche Aufgaben. Durch das Nordtor eines Tempels oder einer Stadt in der Ebene werden die Dämonen ausgetrieben oder die Toten hinausgetragen (diesem Zweck diente das Nordportal in altholländischen Kirchen); durch dieses Tor darf nichts hereinkommen, und es wird nur bei bestimmten Anlässen geöffnet, in englischen Kirchen etwa bei der Taufe »für die ausgetriebenen Teufel«. Vorteilhaft ist es, wenn die Stadt im Norden durch einen Bergrücken oder wenigstens einen Wald geschützt ist.

Durch das Südtor werden die Sonne und alle guten Dinge in die Stadt geholt, z. B. die willkommenen Gäste oder der fürstliche Besucher.

Auch durch das Osttor wird gerne etwas eingelassen, vor allem die aufgehende Sonne.

Durch das Westtor gehen diejenigen hinaus, die sich gegen Ende ihres Lebens absondern, um sich zu vergeistigen oder in Einsamkeit zu sterben (den mystischen oder den stofflichen Tod). Man denke zum Vergleich etwa an eine europäische Kathedrale mit einem nach Westen gelegenen Hauptportal, durch das die ganze Gemeinde nach der Messe unter machtvollem Orgelspiel die Kirche verläßt, ebenso das neuvermählte Paar mit allen Gästen. Man beginnt ein neues Leben. Im Prinzip bestehen die klassischen Städte daher aus einem Kreis (den Wällen und eventuell einem Burggraben), in dem sich ein Viereck befindet, dem ein rechtwinkliges Kreuz einbeschrieben ist; dessen Mitte bildet das Zentrum der Stadt. Dort steht dann auch das Rathaus oder der Palast des höchsten Würdenträgers und der Tempel der örtlichen Gottheit, errichtet rings um oder auf dem heiligen Stein, der heiligen Quelle und/oder dem heiligen Baum.

Es gibt auch Städte, die als Sechsecke oder Achtecke angelegt sind, deren besondere Wirkung den in die geheime Bauordnung eingeweihten Baumeistern des Altertums bekannt waren. Das Achteck besteht aus zwei Vierecken, die einander überlagert sind (Sufi, Islam). Das Sechseck entsteht aus zwei überlagerten Dreiecken, wobei dasjenige mit der Spitze nach oben für Yang und Feuer, dasjenige mit der Spitze nach unten für Yin und Wasser steht; beide zusammen bilden das All. Taufkapellen, die ursprünglich um eine heilige Quelle gebaut wurden, sind häufig achteckig; die Zahl vier bezeichnet ja die Materie, und das Gebäude dient dem Zwecke der Inkarnation.

Ein schönes Beispiel für den klassischen Städtebau ist die Stadt Dubrovnik an der jugoslawischen Adriaküste. Gleiches gilt für die Festung Naarden in den Niederlanden, eine kreisförmige Anlage mit der Kirche in der Mitte und sechs regelmäßigen Vorsprüngen in dem Graben, der selbst wiederum von einem viereckigen Wall umgeben ist. Ganz ähnlich angelegt ist die neuneckige Festung Palma Nuova bei Venedig und die Festungsstadt Boertange. Zwei versetzt übereinander gelegene Fünfecke ergeben das Zehneck, das den Grundriß für das Grabmal Theoderichs in Ravenna bildet.

In Addis Abeba sahen wir äthiopisch-christliche Kirchen, die von innen nach außen wie folgt aufgebaut waren: Ein viereckiges Podest, das Allerheiligste mit einer siebenstufigen Treppe an jeder Seite; anschließend ein Kreis, der den eigentlichen Kirchenraum erfaßte, und außen eine Galerie, die von einer sechseckigen großen Mauer begrenzt war.

So findet man die Urformen der Schöpfung im Grundriß der Städte wieder, solange diese von Wissenden entworfen wurden.

Bei der Privatwohnung muß nach den Vorschriften des Feng Shui (chinesische Geomantik) möglichst im Norden ein Berg, Hügel oder Wald liegen und eine Straße vorbeiführen; der Blick nach Süden muß frei sein. Die Grundform ist wiederum ein Viereck mit einer durchlaufenden Mauer, wobei vor der Eingangstür nochmals eine Mauer errichtet wird, so daß man niemals geradewegs ins Innere treten kann. Die Zimmer liegen um den viereckigen Innenhof, der gepflastert und von einer gedeck-

Grundriß der Festung Bourtange.
Das Kronwerk und die Vorwerke wurden später hinzugefügt.

ten Galerie (vergleichbar dem Kreuzgang um einen europäischen Klosterhof) eingerahmt ist. An den vier Ecken liegen die Küchen mit einem ganz kleinen Eingang; weiterhin steht auf jeder Seite in der Mitte ein Wohnzimmer, flankiert von zwei Schlafzimmern. Im ersten Stock liegt das heilige Zimmer mit dem Ahnenaltar. Dies alles ist tief in der Menschenseele verwurzelt, denn die ärmlichen Häuschen in einigen protestantischen Dörfern in den Niederlanden weisen auch eine nicht benutzte Eingangstür auf, hinter der das schöne Zimmer mit den Familienporträts liegt, das nur bei Hochzeiten, Begräbnissen und Jubiläen betreten wird. Vor dem Haus muß in China ein tiefergelegenes Gewässer sein, ein See oder Fluß, was man vom ersten Stock aus überblicken kann. Das Dach ist mit Verzierungen versehen, die alle der Abwehr »geheimer Pfeile« von eventuell absichtlich ausgesandten bösen Gedanken oder Gefühlen dienen. Der furchterregende Drache ist immer Teil dieser Verzierungen. Man bringt auch Spiegel an den Außenmauern an, um die schlechten (mißgünstigen) Gedanken Vorübergehender auf diese selbst zurückzulenken (in Europa tötete man den *Basilisken*, ein schreckliches Fabeltier, dessen Blick tödlich war, dadurch, daß man einen Spiegel vor sich hielt und diesen auf den Eingang der Höhle richtete, in der das Tier hauste).

Basilisk (wörtlich kleiner König). Ein Fabeltier, das als gekrönter Hahn mit Drachenflügeln, einem Adlerschnabel und dem Schwanz einer Eidechse dargestellt wird. Sein giftiger Atem läßt das Gras verdorren, sein Blick ist tödlich. Der Glaube an dieses Fabelwesen stammt aus dem Mittleren Osten und wurde von den Griechen und Römern über ganz Europa verbreitet. In der bildenden Kunst des Mittelalters ist der Basilisk ein Symbol des Todes, des Teufels und des Anti-Christ.

Ausführlich sind alle Richtungen beschrieben, in denen Wasserströme in der Umgebung des Hauses verlaufen können und wie sich dies auswirkt. Am vorteilhaftesten ist die Lage des Hauses in einer Flußschleife, die nach Süden offen ist. Wasser, das an der Südseite am Haus vorbeiströmt, bringt Glück, weil es den Osten mit dem Westen verbindet; strömt es von Westen nach Osten, dann bedeutet dies Wohlfahrt, Ehre und Gesundheit; strömt es vom Osten nach Westen, dann bedeutet dies eine hohe Position. Wenn links und rechts des Hauses Wasser vorbeifließt, das sich voneinander entfernt, dann werden die Kinder von ihren Eltern getrennt, oder das Haus wird möglicherweise von Geistern heimgesucht.

Ein Zimmer mit Blick auf eine Hügelkette ist gut für einen Studenten, denn der Chi-Drache taucht immer wieder in einem anderen Studiengebiet auf. Ein Haus darf nicht zwischen zwei Straßen liegen, denn dann gehen die Kinder bald aus dem Haus. Das Chi kommt mit der Luft durch Türen und Fenster und muß im Haus zirkulieren können.

Sehr wichtig ist auch der Ort, an dem ein Grab liegt. Hierzu kauft man zu seinen Lebzeiten eine geeignete Grabstätte, wobei wiederum der Geomant erscheint, um mit seiner Kompaß-Wünschelrute die richtige Lage zu bestimmen, woraufhin er auch den Tag der Grablegung angibt.

Er kommt feierlich in seiner Sänfte, umgeben von seinen Dienern, die die Messungen ausführen müssen. Ein Grab sollte möglichst auf einem Südhang mit Blick auf die Stadt liegen. Wenn der Verstorbene am rechten Platz und in der rechten Weise begraben wird, kann er seinen Nachkömmlingen, mit denen er weiterhin mitlebt, viel Gutes tun. In der ersten oder magischen Phase der chinesischen Kultur wußte jedermann intuitiv, daß diese Dinge wahr sind; später wußten es nur noch die ausgebildeten und eingeweihten Geomanten, aber jedermann machte von diesem Wissen Gebrauch. Als das Volk insgesamt unter der Leitung des Kong-fu-tse (Konfuzius) in die zweite Phase übertrat, fühlten sich die Intellektuellen über diesen »Aberglauben« erhaben, blieben ihm aber doch aus Tradition gerne treu. Im heutigen China sind diese Dinge offiziell abgeschafft, aber man hält sich doch vielfach noch daran. Dies wird durch eine hübsche Geschichte illustriert: In der Nähe eines Hauses gab es eine Bucht mit einem überhängenden Felsen, der dem Kopf einer Schildkröte glich und dem man magische Kraft zuschrieb. Der Bewohner des Hauses hatte verfügt, daß man ihn im Wasser unter diesen Felsen begraben solle. Nach seinem Tode entsprach der Sohn diesem Wunsch. Ein nüchterner Onkel verbot ihm diesen Unsinn und brachte ihn vor den Richter, der den Sohn dazu verurteilte, den Sarg von dort zu entfernen und an einem üblicheren Platz zu begraben. Der Sohn beauftragte hiermit einen Mann, der ihn um ein Schwert bat, das man ihm brachte. Er begab sich dann an den angegebenen Platz, schlug den Felsenkopf mit dem Schwert ab und barg den Sarg. Als man diesen öffnete, sah man, daß sich auf dem Leichnam eine Schicht goldener Schuppen abzusetzen begonnen hatte. Nun bedauerten Onkel und Sohn ihr Tun, aber es war zu spät.

Für den Chinesen ist das gute und rechte Leben auf Erden viel wichtiger als das Jenseits, und die Teilnahme der Ahnen an irdischen Angelegenheiten wird nicht als hinderlicher Aufenthalt auf ihrer Reise in und durch die geistigen Welten gesehen.

Bäume, vor allem immergrüne, sind in der Landschaft sehr erwünscht, aber sie dürfen nicht vor dem Haus, d. h. an der Südseite stehen. Eibe und Gingko werden bei Tempeln und an Gräbern bevorzugt. Die nach dem Feng Shui vorgeschriebenen Bäume sind heilig und dürfen nicht beschädigt oder geschnitten werden.

# Heilige Orte

## HEXEN-TANZPLÄTZE

Das Verhalten des Menschen wird durch die Gestalten der kosmischen Kraftlinien im Äther beeinflußt, die von kosmischen Sendern ausgehen: Sonne, Mond, Planeten und Fixsternen. Diese treten einerseits direkt in das persönliche und das gesellschaftliche Gruppen-Kraftfeld ein, andererseits gehen sie erst durch das Kraftfeld der Erde hindurch, werden von der Erde umgesetzt und dann wieder von ihr ausgestrahlt. So nimmt der Mensch, wie auch die anderen Bewohner der Erdoberfläche, Einflüsse von zwei Seiten auf, vom Himmel und von der Erde. Die himmlischen Muster treten durch den Kopf und die Zirbeldrüse (Epiphyse) ein, die irdischen durch den Anus, das Kreuzbein und den Plexus sacralis, von wo aus sie in die Keimdrüsen gehen. Bei den Menschen, deren Epiphyse noch nicht erwacht ist, treten die himmlischen Muster manchmal durch das Herz und die Thymusdrüse ein oder auch über die Nasenwurzel und die Kehle. Sehr empfindliche Menschen reagieren eher auf diese Einströmungen als andere, und Frauen viel stärker als Männer.

Zu allen Zeiten verfügten viele Frauen über die sogenannten höheren Fähigkeiten, die durch die Kräfte der sog. Mysterienplaneten Uranus, Neptun und Pluto in Wechselwirkung untereinander und an bestimmten Stellen der Erdoberfläche entstehen und genährt werden.

Diese Frauen hießen früher *Orakel*, *Sibyllen*, und wenn sie in Europa in Frauenburgen zusammenlebten, *Hexas* (davon ist das Wort Hexe abgeleitet).

Im Altertum standen sie in hohem Ansehen und wurden von den Mächtigen wie auch den einfachen Menschen bei politischen oder persönlichen Problemen um Rat gefragt. Vom römischen Machtzentrum aus hat die christliche Kirche diese Frauen im Mittelalter systematisch verfolgt und Tausende von ihnen umgebracht. Weil diese höheren Fähigkeiten in der Regel erblich waren, wurden mit den Müttern, die der Hexerei beschuldigt wurden, zugleich auch die Töchter auf den Scheiterhaufen gebracht, ertränkt oder zu Tode gefoltert. Die christliche Kirche hämmerte den Menschen, dem Muster ihrer Zeit gemäß, unaufhörlich das dualistische Denken ein, nachdem alles Bestehende und Geschehende in zwei Kategorien eingeteilt wurde: Das Gute, das vom Herrgott, und das Böse, das vom Teufel beherrscht wurde. Alle nichtchristlichen Religionen mit ihren Denkweisen, Vorstellungen, Göttern und Ritualen wurden von der Kirche der Kategorie des Teufels zugeordnet und strengstens verboten.

Weil die weisen Frauen den alten Normen treu blieben und in der Regel weiterhin der alten Religion anhingen, galten sie bei der Kirche als Dienerinnen und Buhlen des Teufels. In ihrem dadurch erweckten Groll gegen die von der Kirche beherrschte Gesellschaft wandten sie sich immer mehr der niederen Magie zu, obwohl es unter ihnen viele gab, die Mensch und Tier durch ihr Kräuterwissen und weiße magische Theorien heilten. Falls gewünscht, brauten sie z. B. auch aus Kräutern einen Liebestrank, und sie besaßen geheime Rezepte für Salben, die den Menschen für Visionen empfänglich machten oder ihn aus seinem stofflichen Leib austreten ließen. Bestimmte Kräuter reizten bestimmte endokrine Drüsen wie z. B. die Geschlechtsdrüsen und die Thymusdrüse. Durch die Erregung der Geschlechtsdrüsen geriet man natürlich in einen Zustand erotischer Glückseligkeit, und die Stimulierung der Thymusdrüse bescherte das kindliche Glücksgefühl und Urvertrauen.

## LEVITATION

Die moderne Wissenschaft, die die Wirkung der speziellen Kräuter empirisch untersucht hat, ist der Meinung, daß die sog. Hexen, die angaben, dem Teufel zu Willen gewesen zu sein und mit ihm auf einem Hexentanzplatz der Umgebung getanzt zu haben, ehrlich davon überzeugt waren, während sie in Wirklichkeit ihre Wohnung nicht verlassen hatten und unter dem Einfluß der Kräutermittel »high« geworden waren. Dies mag auf die Spätzeit der Hexerei zutreffen und mit denjenigen Fällen zusammenhängen, in denen sich die Seele vom stofflichen Leib loslöst und sich bewußt an anderen Orten aufhält, die sie schwebend erreicht. Davor aber, und vielleicht auch heute noch, begaben sich die Hexen sehr wohl mit ihrem stofflichen Leib an den Tanzplatz, wobei sie sich durch Levitation in die Lüfte erhoben. So weiß man auch von verschiedenen Heiligen und auch nicht heiliggesprochenen Mönchen und Nonnen, daß sie in religiöser Ekstase an der Decke ihrer Zelle schweben konnten. Diese Ekstase führten sie durch die gleichen Meditations- und Konzentrationsübungen herbei, wie man sie heute bei der Transzendentalen Meditation anwendet, um das sog. »Fliegen« zu lernen. Tibetanische Mönche lernen die Aufhebung der Schwerkraft ebenfalls und können sich dadurch in unwegsamen Landschaften schnell über das Land bewegen. Bei Bergbesteigungen im Himalaya wurden Europäer Zeugen, wie die einheimischen Träger auf sehr engen Bergpfaden zwischen steil aufragenden Felswänden und tiefen Abgründen plötzlich schwiegen und in tiefer Konzentration zu schweben schienen; andernfalls hätten sie mit ihren schweren Lasten das Gleichgewicht verloren und wären in den Abgrund gestürzt.

Daß die Hexen auf Besenstielen ritten, diente vermutlich der Reizung ihrer erogenen Zonen. Eine Analogie dazu bilden die Umgänge der Mitglieder alter Männerbünde auf Stockpferden, wie es in Mitteleuropa an bestimmten Festtagen mancherorts noch der Brauch ist. (Auch das Reiten wirkt auf die Geschlechtsorgane).

Auf mittelalterlichen Gemälden mit Kirmesdarstellungen kann man die Männer auf Stockpferden noch sehen.

## TANZPLÄTZE

Es hat sich gezeigt, daß die bevorzugten Tanzplätze der Hexen in Mitteleuropa eine ganz besondere Strahlung aus der Erdoberfläche aufweisen. Man ist fünfzehn Ortsangaben von Hexentanzplätzen aus den Akten mittelalterlicher Hexenprozesse im Umkreis von 200 Kilometern nachgegangen. Elf dieser Plätze konnten lokalisiert werden, und bei sechs von ihnen hat man das Strahlungsspektrum des Bodens mit modernen Wünschelruten ausgemessen. Bei allen Plätzen fand man übereinstimmende Merkmale: Sie lagen in der Biegung eines unterirdischen Wasserlaufs – hierin liegt eine Übereinstimmung mit den mitteleuropäischen Kirchen, die an der Stelle heidnischer Heiligtümer errichtet wurden – und wiesen die Strahlung auf, die die Aktivität der Geschlechtsdrüsen und der Thymusdrüse stimuliert (siehe Robert Endrös, *Die Strahlung der Erde und ihre Wirkung auf das Leben*).

Der Mensch gerät an diesen Orten von selbst in Euphorie, eine ekstatische, ausgelassene oder feierliche Stimmung.

## ERSCHEINUNGEN

Gleichzeitig hat sich bei dieser Untersuchung ergeben, daß sich an diesen Orten bei empfindlichen Menschen besonders leicht Lufterscheinungen einstellen, die mit Fata Morganas und Hologrammen verwandt sind. Es handelt sich hierbei um Vorstellungen in der Seele, insbesondere weibliche Gestalten, die in katholischen Gegenden sofort als die Muttergottes identifiziert werden. Sie gleichen auffallend der Vorstellung, die ein solcher Betrachter sich aufgrund einer Mariendarstellung in seiner Kirche von Maria macht. Man kann ebensogut den Teufel mit seinen traditionellen Bocksbeinen und Hörnern wahrnehmen. (Man kann auch die wirklich in den Wäldern lebenden Faune und Satyrn sehen. Der Naturgott Pan wurde im schottischen Findhorn mehrfach von hellsichtigen Frauen wahrgenommen). Die höheren Fähigkeiten beruhen auf der Wirksamkeit der endokrinen Drüsen und den zugehörigen Knotenpunkten oder Chakras im ätherischen Lebensleib. Wenn sie angeregt werden, wird das Fliegen, Schweben und Tanzen ausgelöst. Wie der Mensch dies dann selbst interpretiert, hängt von seinem Seeleninhalt zu diesem Zeitpunkt ab.

## GESTALTVERWANDLUNGEN

Wünschelrutengänger wußten zu allen Zeiten, daß eine bestimmte Ausstrahlung der Erde an manchen Orten die höheren Fähigkeiten weckt. Dies betrifft nicht nur Fliegen, Tanzen und Visionen oder Begegnungen mit ätherischen Wesen (Heiligen, Feen, Engeln oder Geistern von bekannten Verstorbenen), sondern auch Gestaltverwandlungen. Wie in Südafrika die Hyänenmenschen einen Termitenhaufen aufsuchen, um sich dort vorübergehend in eine Hyäne zu verwandeln, so gab es in Europa die Werwölfe, die sich an festen Orten in beiden Richtungen zu verwandeln pflegten. Man zieht die Körpermoleküle auseinander, wird dadurch unsichtbar, und zieht sich anschließend unter Konzentration auf die Gestalt, die man annehmen möchte, wieder zusammen. Die Technik lehren in Indien und andernorts sog. Meister ihre Schüler (Jesus hatte dies ebenfalls gelernt und machte sich unsichtbar, als ihn die Menge bedrohte, wie es im Neuen Testament berichtet wird). In vielen europäischen Märchen kommen Zauberer und Feen vor, die Menschen vorübergehend in ein Tier oder etwas ähnliches verwandeln: Aschenputtels

Gevatterin verwandelte einen Kürbis in eine goldene Kutsche, Mäuse in Lakaien; der Gestiefelte Kater bringt den Zauberer dazu, zuerst die Gestalt eines Löwen, dann die einer Maus anzunehmen.

Hexen verwandeln sich gerne in eine schwarze Katze oder eine Fliege. In manchen niederländischen Dörfern ist man davon überzeugt, daß einige Frauen in Katzengestalt nachts bei Vollmond an einem bestimmten Ort tanzen. Wenn man die Katze erschlägt oder ertränkt, dann ist die Frau von diesem Zauber befreit.

## LUSTSCHLÖSSER

Die oben genannten Prinzipien werden jedoch nicht nur im Bereich der Zauberei und des geistigen Lebens ausgenutzt. Auch der reiche Adel bediente sich in früheren Jahrhunderten des Wissens und der Fähigkeit der Wünschelrutengänger, um für den Bau von Lustschlössern Orte ausfindig zu machen, an denen besonders die Geschlechtsdrüsen angeregt werden. Diese Schlösser standen manchmal in langweiligen Ebenen, also nicht in einer romantischen, bewaldeten Gebirgslandschaft, erfüllten aber dennoch ihren Zweck. Die adligen Herrschaften zogen sich von Zeit zu Zeit mit ihren Mätressen dorthin zurück, um der Sinneslust zu frönen.

Diese Schlösser waren von romantisch angelegten Parks umgeben, in denen es kleine Wäldchen, intime Plätzchen an verträumten Weihern mit schönen Statuen und verschlungene Pfade mit versteckten Ruhebänken zwischen grünen Hecken gab. Auf einer Insel an der jugoslawischen Küste habe ich noch ein solches Lustschloß gesehen, das einem österreichischen Fürsten gehört hatte.

Untersuchungen haben gezeigt, daß die Lustschlösser, z. B. in Frankreich, Österreich und Süddeutschland, in einer Biegung (Mäander) eines unterirdischen Wasserlaufs liegen. Das königliche Schloß von Versailles liegt an einer solchen Stelle, und der bayerische Kurfürst Max Emmanuel schickte seinen Architekten Zucalli nach Frankreich, damit er dort für den Bau des Lustschlosses Schleißheim diese Kunst studierte. Die Wittelsbacher bauten mehrere solcher Schlösser, von denen eines auch Lustheim heißt (in der eintönigen Gegend des Dachauer Mooses), und auch alle übrigen stehen auf einem solchen unterirdischen Mäander: Herrenchiemsee, Neuschwanstein, Hohenschwangau, Linderhof und die Pagodenburg beim Nymphenburger Schloß.

Diese Zusammenhänge, die man jetzt erkannt hat, bilden einen deutlichen Beweis für die Abhängigkeit des Menschen von kosmisch-tellurischen Einflüssen. Alle Phänomene sind eine Kombination von Bildnis und Kraft. Himmel und Erde bewirken die Kraft – die Menschenseele liefert die Bilder!

## GUTE UND BÖSE HEXEN

Die Kräfte des Himmels und der Erde sind an sich neutral. Wenn sie durch den Menschen hindurchgehen, verstärken sie die Absichten und Vorstellungen in der Seele dieses Menschen. Gute Absichten führen zu weißer Magie, schlechte zu schwarzer; dies liegt am einzelnen Menschen, der die Strahlung leitet. Böse Zauberer und böse Hexen sind diejenigen, die das Heil eines Mitgeschöpfs für ihre ganz persönliche Machtgier und Genußsucht opfern. Sie saugen den anderen aus, weil sie zu faul sind, sich selbst mit kosmischer Kraft zu versorgen oder dazu nicht mehr im Stande sind, weil sie ihren Ätherleib mit einer harten, undurchdringlichen Kruste abgeschlossen haben, oder weil sie selbst von einem noch mächtigeren Zauberer oder Geist beherrscht und gelenkt werden. Unter den bösen Hexen der letzteren Sorte gibt es viele, die eigentlich gerne von der Macht erlöst würden, die der Leiter einer okkulten Gemeinschaft oder ein böser Geist über sie ausübt (dies ist an einer starken Pluto-Verletzung in ihrem Horoskop zu erkennen).

Frauen, die zu stark von der Erdkraft auf dem Weg durch ihre Gebärmutter beherrscht werden, (die deshalb hysterisch (hysteros = Gebärmutter) genannt werden, und die wie Naturwesen keine menschliche Moral haben, sehnen sich manchmal nach Erlösung durch einen mächtigen guten Zauberer (Exorzist). Ihre Rettung wird in vielen Märchen beschrieben, z. B. in *Der treue Johannes* von Andersen. Wenn für sie die Zeit des Übergangs von der magischen zur Verstandesphase angebrochen ist, gelingt dies auch. Eine solche Entzauberung wird meist durch Schläge und durch ein Untertauchen in Wasser (wie bei der Taufe und beim Rebirthing) erreicht.

Die Schläge mit der Birkenrute sind nicht so sehr eine Züchtigung, sondern dienen vielmehr (wie bei den Flagellanten, den Mönchen, die sich geißelten, um ihre sexuellen Begierden zu vernichten, anstatt sie zu sublimieren) dazu, um durch die Kraft des Baumes den Hormonstrom aus der Stauung im Unterleib zu befreien und längs der Reihe der endokrinen Drüsen (den Chakras) nach oben zum Kopf zu lenken.

Die Birke ist ein sehr reiner Baum voll himmlischer Kraft und deshalb besonders geeignet. Mit der Frühjahrs-Birkenrute, die man am warmen Kamin vorzeitig zum Austreiben gebracht hat, schlagen die Bäuerinnen am Reinigungstag (2. Februar, *Frauentag*), wenn die Frühjahrsreinigung beginnt, die Knechte aus dem Bett. Die Rute von Knecht Rupprecht, der eigentlich Wodans Sohn Ty ist, dient dem gleichen Zweck. Ungezogenheit ist eigentlich nur eine Folge der Stauung der Erdkraft in einem blockierten Leib, in dem die Kraft nur horizontal zum Ausbruch kommen kann. Mit der Birkenrute berührte auch der Druide seinen besten Schüler, um ihn zu seinem Nachfolger zu machen (hierzu in Analogie steht die Handauflegung des Bischofs bei der Priesterweihe und bei der Firmung der Heranwachsenden). Das Plumpsack-Spielen ist ein verstümmelter Rest eines solchen Einweihungsrituals (siehe hierzu mein Buch *Verborgene Weisheit alter Reime*).

Das Untertauchen in Wasser, um die Sünden abzuwaschen und Dämonen auszutreiben, ist ein uraltes Mittel, um die Blockaden in Leib und Seele aufzuheben, die den Hormonstrom aufstauen.

Das Wasser saugt den Schmutz ab, der den Strom hemmt. Auch Kräuterbäder und Auszüge von Lippenblütlern (Salbei, Rosmarin, Lavendel, Thymian usw.), die die Drüsen, d.h. den Mond im Menschen, reinigen, und Johanniskraut, das die Sonnenkraft (das Geistige) verstärkt, können entzaubern. Auch das Einatmen bestimmter Pflanzenaromen (Lavendel, gemahlene Gewürznelke, gemahlener Koriander) wirkt in dieser Weise.

Stark antimagnetisch wirkt auch der Holunder. Vom dreijährigen Holz geschnittene Zweige legt man überkreuzt unter den Fußabstreifer, wenn eine weibliche Bekannte, die man für eine böse Hexe hält, zu Besuch kommt. Sie wird dann diese Matte nicht überschreiten können und damit selbst den Beweis erbringen, daß sie eine böse Hexe ist.

## DIE LINDE, GLEICHGEWICHT ZWISCHEN HIMMEL UND ERDE

Die Linde ist ein ganz besonderer Baum von weiblicher Art, der das Muster des Tierkreiszeichens der *Waage*, verwirklicht. Sie stand daher auch bei unseren Ahnen in hohem Ansehen. Daß sie zwischen Himmel und Erde vermittelt und beide im Gleichgewicht hält, zeigt sich u. a. daran, daß man sie *umdrehen* kann. Diese Eigenschaft benutzte man früher gelegentlich, um ein *Gottesurteil* herbeizuführen. Ein Mann, der eines Verbrechens bezichtigt wurde, durfte eine Linde aus dem Boden ziehen und umgekehrt in den Boden pflanzen, so daß die Wurzeln in die Luft ragten. Wenn die Krone sich im Boden verwurzelte und die Wurzeln Zweige mit Blättern bildeten, wurde er freigesprochen.

So kann alles, was die Linde hervorbringt, beim Menschen ein Gleichgewicht zwischen Denkpol und Lebenspol schaffen. Überall galt sie auch als Baum der *Rechtsprechung*. In ganz Europa findet man auf dem Markt- oder Dorfplatz seit jeher eine Linde, unter der die wirkliche Rechtsprechung, das Ding oder Thing abgehalten wurde und in dessen Nähe dann gleich auch das Urteil vollstreckt wurde. (Deshalb findet man meist nicht weit davon entfernt den Galgenberg oder Galgenweg). Frau Justitia wohnt in der Linde und wägt Schuld und Strafe gegeneinander ab.

Andererseits dient die Linde als Baum der Venus auch der *Liebe*, dem Liebeswerben und dem geselligen Schwatz. Deshalb stehen vor den Schlafzimmern der sächsischen Bauernhöfe zwei kurzgeschnittene Linden, die die Liebe, der man sich dort widmet, fördern und schützen. Die Linde auf dem Marktplatz wurde in kleinen Städten häufig so geschnitten, daß die untersten Zweige weit horizontal geführt und gestützt wurden, während die oberen Zweige miteinander ein eigenes Stockwerk bildeten. Auf einem dort errichteten Bretterpodest saß man im herrlichen Duft der blühenden Linde beim Tee, während unten um den Stamm im Schatten die Musikanten liebliche Weisen spielten. Eine solche sogenannte Rats-Linde findet man heute noch z. B. in den belgischen Städtchen Retie und Westerlo.

Weil die Linde über die Liebe herrscht, war es einst bei uns Sitte, daß sich Mädchen mit einem Lindenzweig selbst entjungferten. Manchmal steht die Linde für das Thing auf einem heiligen Berg im Wald, wie z. B. einst bei Lunteren auf dem Lindeboomsberg (siehe hierzu das entsprechende Kapitel).

Wer sich lieber selbst richtete und in den Himmel eingehen wollte, hing sich (manchmal aus Liebeskummer) mit dem der Gottheit Wotan (Odin) geweihten Wotansknopf (an den noch die geflochteten Lederknöpfe an Lodenmänteln erinnern) an der Linde auf, um dem schmählichen Tod auf dem Bettstroh zu entgehen. Dies nannte man ein *Hänge-Opfer*. Bei der Strafe – wie beim Freitod – beabsichtigte man damit, die Seele des Gehängten dem Baumgeist anzuvertrauen, der sie zur Gottheit geleiten sollte.

Frühlingsfest in einer Stockwerkslinde auf einem Stich aus dem 16. Jhr.

In früheren Zeiten lebte der Mensch in Freundschaft mit den Baumgeistern zusammen. Wenn man einen Baum fällen mußte, bat man erst den Baumgeist um Vergebung, wobei man die Gründe nannte, und der gefällte Stamm wurde mit einem Kreuz, das der Holzfäller mit seinem Beil darüber machte, gegen das Böse geschützt. Ein Baumgeist kann sich nicht weiter fortbewegen als seine Wurzeln und seine Krone reichen; in einem Wald kann er dagegen von Baum zu Baum springen. Der Holzfäller nahm den Baumgeist, den er seiner Behausung beraubt hatte, gegebenenfalls auf seinen Rücken und trug ihn zu einem jungen Baum der gleichen Art.

Die Lindenblüte duftet köstlich und beruhigt die Seele, fördert den Schlaf und die Transpiration (was Waage-Menschen gelegentlich brauchen), wenn man den Tee daraus trinkt. Auf dem hochgelegenen Lindenhof in Zürich kann man Anfang Juli an den herrlichen Sommerabenden draußen im Lindenblütenduft Lindentee trinken.

In dem Park eines alten Landguts bei der belgischen Ortschaft Mol steht ein Kreis von sieben Linden bei einem Weiher. Darin wohnen die weißen Weiblein oder Waschfrauen, die jeden, der ihnen zu nahe kommt, ins Wasser zu ziehen versuchen. Fik Seymus erlebte dies einmal, als er für eine Gruppe Wanderer eine Führung rings um das Wasser machte. Letztere mußten sich zurückziehen, weil das Wasser den Waldboden zu überschwemmen begann, um die Menschenfüße zu umspülen. In einem Kreis von sieben Linden leben die Elfen gerne in ihrer ätherischen Burg (in Irland nennt man sie fairy-rath).

Für die Lindenfee, die den Baum bewohnt, machten unsere Vorfahren, als ihre Hellsichtigkeit zu schwinden begann, Holzbildnisse, die zur Danksagung am Stamm der Linde aufgehängt wurden. Als den Menschen das Christentum als Religion aufgezwungen wurde, wuchs die Rinde der Bäume manchmal schützend um das Bildnis herum. Später wurde dann gelegentlich ein solches Bildnis entdeckt und als Marienbild in die Kirche gebracht; am nächsten Tag befand es sich dann doch wieder am Lindenbaum. In Nordbrabant steht in Uden eine große Kirche, Maria ter Linde, und der Baum selbst, oder sein Enkel, steht dort ebenfalls noch (siehe hierzu das Kapitel Heilige Quellen).

Als die niederländische Königin Wilhelmina inthronisiert wurde, wurden in vielen niederländischen Orten Wilhelmina-Linden auf den Marktplatz gepflanzt und mit einem Zaun umgeben. Als die Königin im Mai 1940 flüchten mußte, verdorrten einige dieser Linden. In Giessendam starb ein solcher Baum, als nach dem Krieg bekannt wurde, daß die Königin zurücktreten wollte. Bäume leben häufig mehr mit den Menschen und ihrem Schicksal mit als umgekehrt!

Wer bei der Geburt einer Tochter eine junge Linde in seinem Garten pflanzt, wird sehen, daß beider Schicksal parallel verläuft, und wenn die Tochter einst ihr Geburtshaus verlassen hat, kann man an ihrem Geburtsbaum ablesen, wie es ihr in der Ferne geht. (Für einen Sohn ist eine Eiche besser geeignet). Das Blatt der Linde ist herzförmig; dies weist auf Herzensdinge hin. Der Genuß von Lindenhonig verstärkt die Liebe und das weibliche Empfinden im Menschen. Unter ihrem hellgrünen Laub ist Schmusen besonders schön, und deshalb werden in ihre Rinde auch so häufig von einem Pfeil durchbohrte Herzen mit einem Monogramm eingeschnitten.

Mütterlichen Trost schenkt die Lindenfee demjenigen, der mit seinem Kummer zu ihr kommt. Wenn die Linde bei einer Quelle steht, dann kann sie gleichzeitig die Quellenfee sein, und ihr Wasser kann Herz und Augen heilen.

> Am Brunnen vor dem Tore,
> da steht ein Lindenbaum.
> Ich träumt' in seinem Schatten
> wohl manchen süßen Traum.
>
> Ich schnitt in seine Rinde
> wohl manches süßes Wort,
> ich fand in Freud und Leiden
> so oft mein' Ruhe dort.
>
> Auch heute mußt' ich wandern,
> vorbei in tiefer Nacht –
> da hab ich, noch im Traume,
> die Augen zugemacht.
>
> Und seine Blätter rauschten
> als riefen sie mir zu:
> komm' her zu mir, Geselle,
> hier findst du deine Ruh!

# DER HEILIGE BERG BEI LEUSDEN

Der Name Heiligebergerweg in Amersfoort ließ mir keine Ruhe: Es mußte doch am Ende der Straße einen heiligen Berg geben! Nun habe ich ihn endlich entdeckt, und dies war ein sehr schönes Erlebnis. Er liegt neben dem großen Gebäude De Heiligenberg an der linken Seite der Straße Leusden-Amersfoort. Das Haus hatte eine wechselvolle Geschichte und ist heute ein Heim für geistig behinderte Mädchen. An einer Remise am Eingang vorbei gelangt man in die Stille eines Gartens, in dem mit viel Liebe gearbeitet wird.

Vielleicht trifft man dort den Gärtner, der dem Besucher einige Auskünfte geben kann. Wir waren willkommen und durften den Hügel hinaufgehen, der von einem Wassergraben mit Enten, gespeist von einem Bach, umgeben ist. Natürlich: Der heilige Ort mußte geschützt und mit der Kraft von Mutter Erde aufgeladen werden! Ein Weg läuft in einer Spirale den Hügel hinauf, wie es sich gehört. Vielleicht hat man ihn einst singend bestiegen, um dort am Tag der Sommersonnenwende für die Sonne das heilige neue Feuer zu entzünden. Der Hügel ist heute vollständig mit Buchen bewachsen. Früher wurden auf der Anhöhe immer wieder Klöster errichtet, die abbrannten oder auf andere Weise zerstört wurden, bis das letzte dieser Klöster im Jahre 1800 abgerissen wurde.

Der Hügel, das Wasser, die Bäume und Sträucher und der Blick über die dahinterliegenden Weiden – das alles gibt einem ein wunderbares Gefühl. Offenbar kommt praktisch niemals jemand hierher. Man versinkt in einer dicken Schicht von Buchenlaub. Die Mönche oder Nonnen haben vielleicht viele schöne Lieder und Gebete gesungen. Der Berg ist aber auch von sich aus heilig; dies fühlt man unmittelbar.

Wenn man notgedrungen wieder zurückgeht über das Feld mit dem alten Taubenschlag und dem stillen ummauerten Garten, tritt man an der stark befahrenen Straße plötzlich aus der einen Wirklichkeit wieder in die andere über, von der echten in deren marode Schale, die Scheinrealität, die große Zurschaustellung. Sie kann denjenigen nicht mehr beunruhigen, der die wahre Realität in sich trägt.

# DER GOUDSBERG UND DER LINDEBOOMSBERG BEI LUNTEREN

Wir suchten den Goudsberg (Godsberg) bei Lunteren, und diesmal wies uns nicht ein gutmütiger Alter, sondern der Verkehrsverein den Weg: Auf dem Meulunterseweg bis zum Vijfsprongweg und dann hügelan zum Campingplatz De Goudsberg. Dort befand sich tatsächlich die breite Zufahrt zu einem großen Zeltplatz. Gegenüber führte ein Weg in die Ferne, und als wir diesem ein Stück gefolgt waren, schlugen wir links einen Waldweg ein, der auf einen Hügel führte. Es zeigte sich, daß es fünf verschiedene Wege auf diesem Hügel gab. Früher stand hier eine Linde, unter der Recht gesprochen wurde, wie es überall üblich war. Jetzt steht dort eine Birke, die sich über den uralten Opferstein beugt, der dort am Boden liegt. Vor diesen hat man einen großen Stein gesetzt, auf dem die Nordrichtung angegeben ist und zu lesen steht, daß sich hier der geographische Mittelpunkt der Niederlande befindet. Dieser Hügel heißt seit jeher der Lindeboomsberg.

Dieser Mittelpunkt ist beileibe keine moderne Erfindung! Wenn man früher irgendwo auf dem freien Feld (das gab es ja damals noch reichlich) eine Stadt bauen wollte, pflegte man zuerst mit der Wünschelrute den bestmöglichen Platz zu suchen. Wenn ein sehr großes Gebiet zur Verfügung stand, dann schoß man einen Pfeil ab, verbunden mit dem Wunsch und dem Gebet, daß dieser den richtigen Ort anzeigen möge. Manchmal ließ man auch den heiligen Gegenstand der Gemeinschaft, ein heiliges Buch in einer Truhe z. B., von zwei jungen Ochsen, die noch nie an der Deichsel gegangen waren, auf einem Wagen wegziehen. Wo sie stehenblieben, war der rechte Ort, den die Gottheit vorgesehen hatte. Tiere lassen sich nämlich nicht durch den Verstand verwirren, sondern fühlen das Wesen eines Orts (und eines Menschen!) und verstehen, wonach der Mensch sie suchen läßt.

An dieser Stelle wurde der erste Stein gelegt, und zwar nicht etwa der erste Ziegelstein einer Mauer, sondern ein loser Feldstein, voll Naturkraft, der die Mitte oder den Nabel der zu errichtenden Stadt und des Reichs, dessen Hauptstadt sie werden sollte, bezeichnete. Ein solcher Stein hieß *Omphalos* oder Nabelstein; ihm wurde eine Inschrift eingeritzt, und er galt als Sitz der örtlichen Gottheit. In England z. B. gibt es ebenfalls einen solchen Stein, der die Reichsmitte angibt.

Wenn ein Feind den Stein verschleppte, bedeutete dies den Untergang des Reichs, weil die Schutzgottheit keinen Sitz mehr hatte. Der Ort, den die Wünschelrute wegen seiner starken

Strahlung angegeben hatte, war der Endpunkt eines unterirdischen Kraftstroms, wo sich die Kraft nicht mehr fortsetzen konnte und deshalb in einer Spirale nach oben stieg. Eine an dieser Stelle liegende bedeckte Quelle nahm diese Kraft auf. Wenn man die Quelle öffnete, spritzte das Wasser sofort als Fontäne heraus. Man leitete das Wasser durch einen Brunnen oder einen Wasserspeier, z. B. einen Löwenkopf. Deshalb steht der Dorf- oder Stadtbrunnen in der Mitte des Haupt- oder Marktplatzes, beim Nabelstein und eventuell bei der Linde. Aus diesem Grund findet man auch auf den Marktplätzen alter Städte und Dörfer immer einen steinernen Brunnen, an dem anfänglich die gesamte Bevölkerung ihr (lebensspendendes) Wasser holte. In einem Kurzführer für Wanderungen auf diesem Gebiet lesen wir nun, daß wir auf geschichtsträchtigem Boden stehen, da hier um das Jahr 300 Germanen wohnten, von denen man einen als Wasserrohr dienenden ausgehöhlten Eichenstamm und eine Zisterne gefunden hat.

Der uralte Opferstein – als solcher wird er betrachtet – könnte daher sehr wohl auch ein Nabelstein sein, ein Omphalos, die Mitte des Wohngebiets eines Volkes. Weil man sich hier nicht ganz sicher war, hat die heutige Bevölkerung einen zweiten Stein dazugelegt. Wie die Nabelschnur die Versorgungsleitung für das werdende Kind ist, durch die es wachsen und gedeihen kann, so ist der Wasserlauf eine Kraftlinie (analog einem Blutgefäß, um das sich ein Nerv windet); die Versorgungsleitung für Volk und Reich; sie entspringt aus Mutter Erde, in deren Schoß sich die Stadt entwickelt, um an dem Tag geboren zu werden, an dem sie von den Menschen bezogen wird.

Man sprach vom Nabelstein, als man sich noch darüber im klaren war, daß die Erde ein großer Mutterleib ist, der stets Kinder gebiert. Solange der Mensch in seinem Wirken den Auftrag von Vater Sonne und Mutter Erde ausführt, den kosmischen Gesetzen folgend, werden seine Städte und Heiligtümer gesegnete Kraftpunkte sein, die der Entwicklung der Menschen dienen.

Wenn der Mensch von diesen Gesetzen abgeht, dann werden seine Städte, die nicht mehr vom kosmischen Leben gespeist werden, in Auflösung übergehen. Dann kommt es zu einer Mißgeburt. So enthüllt uns der Lindeboomsberg beim Godsberg die tiefe Bedeutung des Nabelsteins, des alten wie des neuen. Dort liegt das wahre Sonnengeflecht des Gebiets, von dem aus die Nerven, die sternförmig vom Mittelpunkt ausgehenden Wege, das ganze Reich mit Kraft versorgen. Ein Volksstamm ist ein lebendiger Körper, der zwischen seinen Eltern Sonne und Erde ausgebreitet ist. Seien wir Menschen würdige Schöpfer des einen kosmischen Musters, des Bildnisses Gottes.

## DIE STADTJUNGFRAU, DIE STADT: WIE OBEN, SO UNTEN

Im Altertum entstand eine Stadt nicht aus einem immer größer werdenden Dorf oder aus rein praktischen oder vernünftigen Überlegungen, die allein der Bequemlichkeit des Menschen dienten. Eine Stadt als Aufenthaltsort des Menschen mußte die Verwirklichung einer kosmischen Harmonie im Grobstofflichen sein. Darin lag ja die Aufgabe des schöpfenden Menschen als Mittler zwischen Himmel und Erde. Eine Stadt wurde als Berührungspunkt zwischen Himmel und Erde gesehen, die dort zum Segen der Bewohner ihre heilige Vermählung feierten. In dieser ersten, paradiesischen Phase (analog den ersten sieben Lebensjahren des Menschen) war daher auch die Planung und der Bau einer Stadt eine heilige Handlung, die der Fürst und der Hohepriester gemeinsam ausführten.

Man ging von einer Stelle aus, die sich für Mensch, Tier und Pflanze als heilsam erwiesen hatte, von einer Quelle mit heilkräftigem Wasser. Dort stellte man einen Langstein senkrecht auf: einen Menhir. Die Quelle war das Weibliche, der Stein das Männliche: Erde und Himmel.

Danach zog man meist über diesem Punkt eine Nord-Süd-Linie für die Hauptstraße als Mittellinie der Stadt; das Haupttor lag im Norden.

Die Umfriedung der Stadt mußte ein Kreis um diesen Mittelpunkt sein. Sie symbolisierte den Tierkreis am Himmel. In manchen Gegenden ließ man zur Festlegung des Kreises eine weiße Kuh und einen weißen Stier gemeinsam einen Pflug ziehen; dabei ging die Kuh als Sinnbild und Ursache des Schutzes, den die Stadt in ihren Mauern bieten sollte, an der Innenseite, der Stier, der die Ausdehnung von Handel und Kultur nach außen symbolisierte und bewirkte, an der Außenseite.

Von Kaiser Konstantin wird berichtet, daß er in der Nacht vor der Gründung der Stadt, die seinen Namen tragen sollte, im Traum eine Gestalt mit einem Speer in der Hand sah, die der Genius der zukünftigen Stadt war. Als der Kaiser am nächsten Tag mit einem solchen Speer voranschritt, um die Größe der Stadt anzugeben, sagten die ihn begleitenden Edelleute nach einer Weile, daß die Mittellinie nun lang genug sei; daraufhin antwortete der Kaiser, daß er genau so weit gehen würde, wie es ihm der Genius, der vor ihm schritt, angab.

Anschließend bestimmten wiederum die Magier (die Astrologen) einen günstigen Tag für den Beginn der Erdarbeiten. Als König Seleukos die Stadt Edessa in Kleinasien gründete, wartete er in seinem Zelt ab, welchen Tag die Astrologen ihm nennen würden, als seine Soldaten, ohne seinen Befehl abzuwarten, mit den Arbeiten begannen. Sie sagten, daß sie eine Stimme vernommen hätten, die ihnen dies befahl.

Später stellte sich tatsächlich heraus, daß die Magier den besten Tag verschwiegen hatten, damit die Stadt nicht zu mächtig würde.

In den Graben wurden geopferte Feldfrüchte geworfen, und die ausgehobene Erde wurde an der Innenseite angehäuft, so daß ein Wall entstand. Wenn die Linie Nord-Süd angegeben war, dann zog man im rechten Winkel dazu die Linie Ost-West, so daß das keltische Kreuz im Kreis entstand. In anderen Fällen wurde in den Kreis ein Sechseck eingeschrieben, das aus zwei gegeneinander versetzten gleichseitigen Dreiecken entstand, wobei eine Spitze nach Norden zeigte. Auf dem Wall wurde dann die Stadtmauer errichtet, die an den sechs Ecken von Toren unterbrochen war, wobei das Haupttor im Norden lag. Anfänglich bestand jedes Tor aus zwei senkrechten Steinen, auf denen ein Deckstein lag, d. h. man errichtete ein *Trilithon* (wie in Stonehenge). Später versah man den Eingang zu beiden Seiten mit einem Turm. Der Abstand zwischen zwei aufeinanderfolgenden Toren beträgt dann 60° (eine Sextile). So wird die Stadt zu einem Sechsstern (*Schild Davids* oder *Salomons Siegel*). Bei den Römern und auch bei früheren Völkern (nach Lydus) trug jede Stadt *drei Namen*: Einen mystischen, einen heiligen und einen weltlich-politischen. Das Aussprechen des mystischen Namens war mit hohen Strafen bedroht.

Als Zentrum der Stadt galt das Heiligtum, das von einem großen Marktplatz umgeben war, an dem der Palast des Fürsten und die öffentlichen Gebäude errichtet wurden. An der Quelle, die gefaßt und somit allgemein nutzbar gemacht wurde, konnte auf dem Altar zum Schutz der Stadt ein heiliger Gegenstand niedergelegt werden, wie z. B. der Ancile, der aus dem Himmel gefallene Schild in Rom, und im allgemeinen ein Meteorit (als Samen des himmlischen Bräutigams, der Sonne).

So ist das Heiligtum analog zur Sonne; der Fürst in seinem Palast und die Priester im Tempel sind Repräsentanten des Himmelsfürsten, die umgebende Stadt der Himmelsraum und die

Mauer der Tierkreis, wobei der Abstand von Tor zu Tor jeweils zwei Zeichen umfaßt.

Außerdem wurde der Bau nach dem Mondkalender berechnet, wie er im Altertum gebräuchlich war.

In anderen alten Städten gingen nicht sechs, sondern sieben große Straßen vom Mittelpunkt aus, wie man dies z. B. noch bei den Städten Cassel und Bavay an der belgisch-französischen Grenze sehen kann. Die sieben Wege waren den sieben Planeten geweiht (Sonne, Mond, Venus, Mars, Merkur, Jupiter und Saturn, die alle als Planeten galten).

## DIE ERDGÖTTIN ALS STADTJUNGFRAU

Die runde, ummauerte Stadt wurde von Männern als etwas Weibliches erlebt (so wie man auch Schiffe als weiblich betrachtet). In der Krypta wurde daher auch die Erdgöttin mit Ritualen verehrt. Man sah sie als *eine Frau, die auf ihrem Haupt die Stadt als Krone trug.*

Die in Kleinasien und im Mittelmeergebiet verehrte Göttin trug verschiedene Namen, u. a. Kybele; ihr Sohn war Attis. Ihr Porträt wurde anfänglich weithin sichtbar in eine Bergwand eingehauen, z. B. auf dem Berg Sipylos bei der Stadt Magnesia in Lydien. Der dort geborene Schriftsteller Pausanias nennt sie die Mutter der Götter und berichtet, daß man ihr auf dem Marktplatz Statuen errichtete, u. a. in der Stadt Smyrna im Jahre 540 v. Chr. Sie repräsentierte die *Fortuna*, das Glück der Stadt; auf ihrem Haupt befand sich ein *Polos*, eine Art Sonnenzeiger oder Kalender, in ihrer Hand ein Füllhorn (*Cornucopeia*). Man sah die Stadt als schöne Frau aus dem Meer sich erheben, deren gekröntes Haupt die Akropolis auf dem Berg Pagos war. Das Goldene Horn war ihre Halskette. Die städtischen Münzen zeigten ihr Bild mit der Aufschrift: »Die Schönste von Asien«. Kaiser Seleukos I. von Mazedonien gründete viele Städte, die er nach seinen Familienmitgliedern benannte und in denen er eine Statue der Erdenmutter aufstellen ließ. Die Skulptur zeigte eine in leicht vornübergebeugter Haltung auf einem Felsen sitzende junge Frau, die rechte Hand auf dem Knie und das Haupt bekränzt mit der Stadtmauer mit allen Toren und Türmen. Zu ihren Füßen schwamm ein junger Mann: ihr Sohn, der Fluß. Gebete für griechische Städte wurden manchmal an Mutter und Sohn gleichzeitig gerichtet: den Stadt-Genius oder Demos und die Stadt-Fortuna. Der Mann steht für die menschliche Gemeinschaft, das Soziale. Die Frau beschützt die Stadt vor Katastrophen. In der Stadt Konstantinopel übergeben die Stadtjungfrauen von sechzehn abhängigen Städten bei der Säule des Arkadius den Tribut – alle tragen sie Stadtkronen auf ihren Häuptern! (Auf der Place de la Concorde in Paris sind die acht größten Städte Frankreichs dargestellt, und die Place de l'Etoile erinnert an die Sonne inmitten ihrer Planeten, wie das alte Bavay). Die Kybele-Statuen trugen meist in der einen Hand einen Diskus, in der anderen einen Zweig von der ihr heiligen Pinie. Sie war die Gemahlin von *Saturn* (Kronos), der alle seine neugeborenen Kinder verschlang, bis ihm seine Frau anstatt des nächsten erwarteten Kindes einen in ein Tuch eingewickelten Stein gab, den er sich unbesehen einverleibte.

Kybele wird auch *Vesta* oder *Hestia* genannt, die Hüterin des häuslichen Herdes und des Familienfriedens. Sie ist außerdem mit *Rhea*, der Erdgöttin identisch, der Schwester und Gemahlin von Kronos.

Aus Dankbarkeit gegenüber Mutter Erde wurden jedes Jahr überall Kybele-Feste und Feierlichkeiten begangen. Der neunte Tag eines jeden Mond-Monats war der Kybele geweiht, und an einem davon wurde im Frühjahr oder auch an einem anderen Tag in unserem April oder Juni als Dankopfer ein Stier geschlachtet. Auf *Kos* geschah dies im März, und in Rom am 15. (den Iden) dieses Monats, auf Thera im April und Juni. Pausanias beschreibt eine solche Feier wie folgt: Bei dem Tempel der Hermione, in der Nähe eines dem Helios (der Sonne) geweihten Tempels und einer Rennbahn befinden sich mit unbehauenen Steinen abgeschlossene Räume, die für die Demeter-Rituale bestimmt sind. Im Sommer wird die Erdgöttin beim *Chtonia*-Fest mit einem Umzug geehrt, dem der Priester vorangeht, gefolgt von den Persönlichkeiten des öffentlichen Lebens und dem Volk. Die ganz in weiß gekleideten Kinder tragen Blumenkränze aus Irissen auf dem Kopf (wie bei uns im Mai zu Ehren Mariens), und anschließend kommen Männer, die eine wilde Kuh treiben. Man läßt sie los, damit sie in den abgeschlossenen Raum geht, wo sie von einer alten Frau mit einer Sichel getötet wird. Von dem verteilten Fleisch darf nichts außerhalb des Tempelraums gelangen. An der Feier nahmen neun Jungfrauen teil.

Kaiser Julian (der Abtrünnige, weil er zum Heidentum zurückkehrte) besuchte im Jahre 361 das Kybele-Heiligtum in Pessinus und schrieb dort auf Tafeln ein Loblied für sie und eine Erklärung ihres Mythos: Attis trägt die Sternentiara, die ihm Kybele geschenkt hat, um die Welt durch seine Liebe zu Kybele am Tag der Sommersonnenwende zu ordnen; letztere gehörte zur Ord-

Kybele. Die große Muttergöttin von Phrygien, die gemeinsam mit ihrem jugendlichen Liebhaber Attis verehrt wurde. Sie trägt eine Krone aus Mauerzinnen, und ihr Thron wird von zwei Löwen gestützt, den Symbolwesen für die stärkste Naturkraft.

nung des mächtigen Helios (der Sonne), dessen Bahn von Wendekreis zu Wendekreis wandert. Die Göttin nimmt ihn an seine Seite. Die Götter erlauben dem schönen und klugen Attis, zu tanzen und zu springen; er gleicht einem Sonnenstrahl.

Es wurde ein heiliger Baum aufgerichtet (wie bei uns der Maibaum) und man fastete in der Höhle, woraufhin man wie neugeboren von Milch lebte.

Dies alles deckt sich mit den alten Riten anderswo in Europa. In unserer Gegend hieß die Erdgöttin *Nerthus* oder *Irtha* oder *Hertha*. Sie wurde im Frühjahr und Herbst geehrt: Als Hertha im Monat August (in Amsterdam noch stets am Hartjesdag = Herthastag), im Frühjahr an der Küste bei Aerdenhout, ebenso in

England. Die Göttin wurde auf einem Planwagen von jungen Männern aus dem Meer gezogen, die sie so, unter der Plane verborgen, durch die Felder führten, damit sie diese mit Fruchtbarkeit segnete. Nach den Festen wurde der Wagen in einem verborgenen See gewaschen und zum Meer zurückgebracht, woraufhin die jungen Leute, die den Wagen gezogen hatten, ertränkt wurden, weil sie durch ihre starke Aufladung mit der Kraft der Göttin eine Gefahr darstellten.

Während der Prozession mußten alle eisernen Gegenstände unter Verschluß gehalten werden, weil sie sonst die Kraft abgezogen hätten. Dieses Waschen des Wagens und der Göttin finden wir in verschiedenen Ländern. Die Frauen Roms feierten am 27. März die *Lavatio*, wobei die Hohepriesterin, in Purpur gekleidet, den Wagen, das Bildnis der Göttin und die heiligen Gegenstände in dem Bach Almo wusch, der sich in den Tiber ergießt. Auf dem Rückweg wurden Wagen und die Zugochsen mit Frühlingsblumen bestreut.

In manchen Gegenden Deutschlands sagt man, daß die Menhire einmal im Jahr zum Fluß gehen, um zu trinken.

In der Camargue, im Rhônedelta, feiert man jedes Jahr das Fest der Erdenmutter in Gestalt der Schwarzen Madonna in einer Höhle, deren Bildnis im Meer gewaschen wird. Auch das Bildnis der Kybele-Berencynthia in Cyzikus wurde gewaschen.

## ÜBEREINSTIMMUNGEN MIT STONEHENGE

Bei einem Vergleich der alten Kybele-Heiligtümer in Kleinasien und in Europa fällt auf, daß beiden die Errichtung eines Kreises, in dem sich ein Sechseck und in diesem wiederum eine Hufeisenform als Krone befindet, gemeinsam ist (siehe Zeichnung). Der Kreis aus Trilithons, jeweils zwei senkrechte Steine mit einem Deckstein, hat dieselbe Form wie Stadtmauern und die Krone der Stadtjungfrauen in zahllosen Städten des Altertums. Der Kreis im Quadrat bedeutet die Vereinigung von Geist und Stoff, oder auch die Vermählung von Himmel und Erde. Das Sechseck weist auf den Tierkreis hin: Die sechs Ecken bezeichnen die positiven Zeichen (die ungeraden Zahlen), die freien Räume dazwischen die sechs negativen (geraden Zahlen).

Das Ganze ist das Urschema der heiligen Stadt, die Plato beschrieben hat, und die auch im Neuen Testament als das neue Jerusalem erscheint. Die Menschenstadt, die nach kosmischem Vorbild erbaut ist.

Sarah, das Bildnis einer Schwarzen Madonna, aus der Krypta der Kirche Saintes Maries de la Mer.

Das Büchlein *Stonehenge* von R. M. Twist befaßt sich mit vielen Übereinstimmungen. Auch dort soll Mutter Erde als die unterirdische Kraft und Macht verehrt worden sein, für die man eine steinerne Krone auf ihr Haupt baute, die gleichzeitig ein magisches Kraftinstrument und ein Kalender war. Attis war der Herr des Mondes!

Ein Sechseck aus senkrechten Steinen wurde an verschiedenen Orten als Grundlage für ein Heiligtum gefunden, z. B. auf dem Odilienberg bei Straßburg. Sie wurden manchmal durch sechseckige Tempel ersetzt.

Die *Steine* von Stonehenge sind teils blau, teils grau. Ähnliche graue Steine hat man auch beim Orakel von Delphi und im Heiligtum der Demeter in Eleusis gefunden. Sie wurden auch für den Stadttempel im alten Rom und beim Bau vieler christlicher Kathedralen verwendet. Der graue Stein galt als irdisch, der blaue als himmlisch. Die blauen könnten wie der Stein von Kybele Meteoriten gewesen sein. Im Nahen Osten wurden diese Meteoriten in Form von Baityloi in den Tempeln als Obelisken gebraucht. Diese Steine wurden mit Öl gesalbt, mit Kronen- oder Turbansteinen besetzt und verehrt. Im französischen Arles steht ebenfalls ein solcher blauer Obelisk.

Unweit Stonehenge liegt in der Salisbury Plain in der Nähe von Avebury *Woodhenge*: Ein Waldheiligtum, wie Stonehenge ein Steinheiligtum ist. Heilig deshalb, weil die Kräfte aus dem Raum durch die Steine angezogen werden, die dem Laufe von Sonne, Mond und Sternen folgen. Es ist, als ob sie im Wechsel jeden der Steine küssen würden. Die Achsen von zwei gegenüberliegenden Steinen werden dadurch aufgeladen, und ihr Kreuzungspunkt in der Mitte wird so zu einer mächtigen Kraftquelle. So steht in jeder Menschenstadt, die nach diesem Schema erbaut wurde, auf dem Marktplatz die Wasserpumpe oder die Quelle mit dem Heilwasser, das die Sonne spiegelt und von den in der Nähe befindlichen Steinen oder Bäumen in den Abstufungen der zwölf Zeichen oder Planeten verteilt wird. So bekommt jeder das Seine, das zu ihm Passende.

## DIE STADTJUNGFRAU

Beim Bau der Stadt bringt jeder Mensch, der sich hier niederlassen will, ein Säckchen Erde von seinem bisherigen Wohnort mit und wirft dieses in den Graben. So wird das ganze umliegende Land mit der Stadt verbunden. Sie ist das Herz im Leib des Landes. Der Fruchtbarkeit schenkende Segen der Erdenmutter breitet sich weit aus. Ihr Haupt, in dem sich ihr Denken abspielt, trägt die Stadt als Krone und Strahlenkranz. Dort wohnte die Kultur als die von den Menschen weitergegebene kosmische Ordnung in menschlichen Formen.

Die Äcker sind ihr Leib und ihre Glieder, ihr Haupt ihre schöpfenden Gedanken, die in der steinernen Schönheit der Gebäude Gestalt angenommen haben.

Wer nun irgendwo die niederländische oder die Amsterdamer Jungfrau abgebildet sieht, mit ihrer linken Hand auf Staats- oder Stadtswappen, wird verstehen, daß sie nicht nur ein Symbol ist, sondern wirkliche Kraft, die sicher auch ätherische Gestalt angenommen hat, die für Hellsichtige wahrnehmbar ist. Die Jungfrau oder der Genius der Stadt wohnte dort als Hüter oder Hüterin des Orts, der aus ihren Kräften aufgebaut ist. Die Stadt ist ihre steinerne Gestalt, und ihre Form ist aus dem Himmel übernommen.

So muß eine Stadt sein. Auch wenn sie durch Naturkatastrophen oder Kriegsgewalt dem Erdboden gleichgemacht wird, so bleibt doch ihr himmlisches Muster im Äther mit allem, was in ihr geschehen ist, erhalten.
Weine nicht, wenn die Form vergeht: das Wesen bleibt.

## CHARTRES, EIN ALTES HEILIGUTM

Als der Radiästhesist Walter Kunnen die berühmte Kathedrale von Chartres besuchte, zeigte seine Wünschelrute eindeutig an, daß sich darunter eine Quelle befand. Der Küster wollte dies nicht zugeben, jedoch bestätigte ein alter Mann, der in der Nähe wohnte, daß sich 37 Meter unter dem Chor eine Quelle befand, die mit einem Bronzedeckel abgeschlossen war. Wie alle anderen mittelalterlichen Kathedralen ist auch diejenige von Chartres (80 km südwestlich von Paris) auf einem uralten heidnischen Heiligtum errichtet, und diese befanden sich stets über besonders stark wirkenden unterirdischen Quellen, Strömungen oder sich kreuzenden Wasserläufen. Man fühlte, daß dort Strahlungen waren, die dem Menschen Kraft, Trost und Freude spenden konnten. Das keltische Heiligtum an diesem Ort war, wie viele andere, an denen heute noch eine *schwarze Madonna* verehrt wird, einst ein Ort der dankbaren Verehrung von *Mutter Erde*, die, weil sie das Unterirdische repräsentierte, schwarz dargestellt wurde (so wie auch alles, was in unserem Unterbewußtsein verborgen gehalten wird, im Traum als schwarz erscheint!). Die christliche Kirche ließ die heiligen Bäume und Wälder abholzen, verwüstete das Heiligtum, ließ aber doch am selben Ort – zu dem sich das Volk nun einmal hingezogen fühlte – eine Kathedrale erbauen, zunächst durch Giselbert, die abbrannte, und später durch Fulbert, die 1194 ebenfalls einem Brand zum Opfer fiel. Die beiden romanischen Türme von Fulbert wurden der dritten Kathedrale eingegliedert, die am gleichen Ort entstand. Diese war gotisch und wurde in den Jahren zwischen 1194 und 1220 erbaut.

Das erste Heiligtum auf diesem Hügel war vermutlich ein Dolmen (Hünenbett), den die Karnuten 2000 v. Chr., d. h. vor nunmehr 4000 Jahren errichteten. Dieser Dolmen wurde nach der Gottheit *Belen* (vergleiche Bel und Baal) Belisana genannt und war der Sonne geweiht, als der Frühlingspunkt gerade in den Widder eintrat. Nach einer alten Schrift war dieser Dolmen 10,40 × 6,45 Meter groß, wog einige hundert Tonnen und war nach dem Goldenen Schnitt entworfen. Als eine Schöpfung der

Die Schwarze Madonna von Chartres

Karnuten wurde er Karnut-Is genannt. Dieser Name änderte sich bei einer späteren Besiedlung in *Chartres*. Die Druiden der Kelten, die das Heiligtum hüteten, gaben ihre Weisheit bezüglich Analogien und Sinnbildern an die späteren christlichen Baumeister weiter, die Freimaurer, die als Gruppe von Eingeweihten alle großen Kathedralen in Europa bauten. Dies ist der Grund dafür, warum man in ihnen noch so viele druidische Symbole findet. Der Hügel hieß in alten Zeiten auch *Lieu des forts*, was bedeutete: *Ort der Eingeweihten*. Als Grundriß des Baus erkennt man den Siebenstern, weiterhin im Mittelschiff ein Rechteck, ein Quadrat und einen Kreis als Sinnbilder der drei Einweihungen (»Geburten«).

Auch der Eber der Druiden ist zu finden, und zwar an der Südseite des südlichen Turms.

Auf dem Fußboden ist ein Labyrinth dargestellt, das sowohl in der keltischen Zeit als auch später noch als Bittweg gedacht war, den man (bei den Christen auf den Knien) als Sinnbild des Lebenswegs des Menschen auf der Erde zurücklegen mußte. Wenn man auf vielen Umwegen in der Mitte angelangt war, entdeckte man das eigene höhere Ich oder Selbst. In ganz Europa findet man heute noch Heckenlabyrinthe, in deren Mitte sich ein Spiegel befindet. Heute sind es Spielplätze, in denen Kinder herumtollen, aber es waren einst heilige Orte. Nach dem Vorbild der Labyrinthe entstand das Hüpfelspiel (Himmel und Hölle), wobei die Scherbe, die jeweils in das nächste Feld geworfen wird, die Seele darstellt; das werfende Kind ist ihr Engel, der die Seele durch alle ihre Phasen begleitet. Früher spielten die Kinder dieses Spiel auch in den Kirchen. Unter der Stelle, an der ursprünglich der Hochaltar stand, befinden sich in der Tiefe zwei sich überschneidende Wasseradern, sogenannte *Wouivres* oder *Lebensschlangen*. Es war üblich, unterirdische Wasserläufe als Schlangen darzustellen; man erspürte ihre Wirkung an der Oberfläche und folgte ihnen, um ihre Kraft aufzunehmen. So entstanden die Wege, die die Heiligtümer miteinander verbanden (ein Beispiel ist der Heiligeweg in Amsterdam, wo nach dem Mirakel von Amsterdam längs des Wassers die Prozessionen abgehalten wurden). Deshalb wurde die Quellnymphe oder -nixe als Jungfrau mit Schlangen in der Hand dargestellt. Man findet sie bei vielen alten Völkern. Wo man ein solches Bildnis vorfand, wußte man, daß hier eine unterirdische Quelle war, die eventuell an die Oberfläche kam und deren Wasser man trinken oder in der man sich zur Wiederherstellung der leiblichen und seelischen Gesundheit vielleicht sogar baden konnte. (Man denke etwa an Lourdes, wo das Mädchen Bernadette viele Male die Quellnymphe schaute; bei Befragungen durch kirchliche Instanzen wiederholte sie stets nachdrücklich, daß es eine schöne Jungfrau war, aber daß sie nicht sagen könne, daß es Maria sei! Sie wurde deshalb von den Priestern peinlichen Verhören unterzogen. Als man dreißig Jahre nach ihrem Tode ihren Leib wie verjüngt und vom Tod unangetastet vorfand und eine wundertätige Wirkung von ihm ausging, wurde sie noch heilig gesprochen. Die Nymphe wurde jedoch zu Maria gemacht und mit einem Rosenkranz über dem Arm dargestellt!).

Die an solchen Orten mit heiligen Quellen erbauten Kirchen sind meist Maria geweiht, die einfach die Göttin darstellt. Bei den

Marienkirchen in Frankreich, die im 12. und 13. Jh. erbaut wurden, zeigte sich außerdem, daß sie miteinander auf der Erde das himmlische Tierkreiszeichen der Jungfrau darstellen. Wie oben, so unten! So haben wir auch bei Weris den Großen Wagen vorgefunden, der auch bei der Benediktinerabtei bei Caux in Frankreich wiederkehrt.

Die enge Beziehung zum Kosmos, die alle diese Heiligtümer in ihrem Bau aufweisen, zeigt sich in Chartres u. a. an der Angabe des mittäglichen Sonnenstands am Tag der Sommersonnenwende; dann scheint die Sonne nämlich genau auf einen kupfernen Stift in den weißen Fliesen, die schräg auf den roten Fliesen im westlichen Seitenschiff des südlichen Querschiffs angebracht sind.

Die Maßeinheit, die beim Bau der Kathedrale von Chartres angewandt wurde, ist die *Elle*, der Abstand zwischen zwei Knoten im zwölfknotigen Druidentau der Erbauer. Diese Elle ist 0,738 Meter lang, das ist genau ein Hunderttausendstel des Abstands der Meridiane, zwischen denen Chartres liegt. Die Länge des Hauptschiffs beträgt 110,70 Meter. Durch die Erddrehung bewegt sich die Kathedrale mit einer Geschwindigkeit von 1107 Kilometer pro Stunde.

Die heilige Quelle liegt 37 Meter unter dem Fußboden; die Höhe der Kuppel beträgt ebenfalls 37 Meter.

Die Breite und die Höhe der Wand des Mittelschiffs sind so gewählt, daß die Länge der Hypotenuse der Länge der Töne der gregorianischen Tonleiter entspricht, die den Kirchengesängen zugrunde liegt.

So sehen wir, daß unsere fernen Vorfahren mit den Verhältnissen, Abmessungen, Rhythmen unseres Sonnensystems vertraut waren und alles, was sie selbst taten, in Beziehung dazu setzten.

– »wie oben, so unten« –

## HEYLIGELOO

Seit mir ein Kursteilnehmer aus Edam einmal erzählt hatte, daß sich bei Heiloo in Nordholland ein alter heiliger Platz befände, wollte ich gerne einmal dorthin. Ich kannte bereits das Zwanenwater in Callandsoog, heute ein Naturschutzgebiet, in dem wilde Schwäne und viele andere Vogelarten brüten. Solche Orte werden in ganz Nordeuropa heilig gehalten. In England hat das Königshaus hierfür einen ständigen Wachdienst eingerichtet. Der

Schwan ist nämlich ein Geleitvogel, der im Frühjahr die Sonne mitbringt und sie im Herbst auf ihrem Rückweg begleitet. Er begleitet aber auch edle Menschenseelen nach ihrem Tod. Die Seelen ertrunkener Seeleute werden dagegen von den Möwen begleitet. Früher erzählten sich die Menschen, wie die Schwäne auf einem solchen stillen See landeten und ihre Federn ablegten, um als schöne Jungfrauen im Wasser zu baden. Manchmal wurde eine Schwanenjungfrau dabei von einem jungen Mann beobachtet, der ihr, in Liebesglut entbrannt, ihr Federkleid wegnahm; dann mußte sie mit ihm gehen und seine Frau werden. Sie bekamen schöne Kinder und waren glücklich, bis die Schwanenjungfrau einmal in einem Schrank ihr Federkleid wiederfand, es anlegte und bei der Rückkehr ihres Mannes verschwunden war.

In dieser Gegend muß es auch eine heilige Opferstätte der *Kaninefaten* gegeben haben, die die Dünen bewohnten und Kaninchen fingen. Irgendwo im Wald fühlte man die Heiligkeit des Orts, wo eine unterirdische Kraftlinie in einer heilkräftigen Quelle, der *Runxputte,* nach oben kam. Ein Heiligtum in einem Wald wurde Loo genannt, und in einer Verdoppelung wurde der Ort dann Heyligeloo genannt. Er lag auf einer Stranddüne in einem Nachtigallenwald, später Engelwald genannt. Es hatte uns immer gerufen, sowie das ganze Gebiet die empfindlichen Seelen ruft, die Bergen aan Zee seine besondere Atmosphäre geschenkt haben und in früheren Zeiten die Abtei von Egmond erbauen ließen. Jani Roland Holst lebte dort in seinem einsamen Haus mit Wind und See und dolmetschte ihre Botschaft. In Bergen feiert man jedes Jahr am ersten Mittwoch im August einen Lichterabend. Wie genoß ich sie doch als Kind, die Sommerferien in Egmond aan Zee, am Strand in den duftenden Dünenkesseln mit dem zartgelben Labkraut und der rosa Hauhechel.

Hier wohnt seit jeher eine Göttin von besonderer Lieblichkeit. Nachdem der irische Missionar Willibrord Anfang des 8. Jhs. hier eine Kapelle bauen ließ, nannte man sie Maria. Weil man an dieser Stelle in allen Notlagen Trost fand, hieß die Kapelle Onze Lieve Vrouwe Ter Nood. In einer Chronik aus dem Jahre 1011 wird sie bereits bei Osdenne (Oesdom) und Rokikesput (heute Runxputte) erwähnt. Im Jahre 1446 hieß sie Onze Lieve Vrouwe van Kapelle, in der Gegend von Heiligenloo. Man hörte dort himmlische Musik. Wer in Not war, ging dorthin, um Trost und Heilung zu erlangen.

Nachdem die spanischen Soldaten bei der Besetzung von Alkmaar die Kapelle verwüstet hatten, rutschten die Wallfahrer auf Knien zur Buße und als Opfertat im Kreis um die Quelle mit dem heilenden Wasser. Nachdem man den Brunnen mit Schutt zugeschüttet hatte, kamen die Pilger trotzdem und rutschten um den Opferstock in der Mitte, immer noch im Kreise. Denn die Frau war wie in Chartres und bei den Kirchen in Irland und England die Sonnenjungfrau, die vor langer Zeit Bel genannt wurde.

Im Jahre 1713 begann das Wasser der Quelle von selbst wieder zu sprudeln. Man zog in einer Prozession mit brennenden Fackeln und Wachskerzen um die Quelle, wobei man, wie die entrüsteten Protestanten berichteten, Baalslieder sang. An den Knotenpunkten betete man am inbrünstigsten – dort ist ja auch die Kraft am stärksten.

Im Jahre 1905 wurde der Brunnen restauriert und daneben eine Marienstatue aufgestellt. Ein Mann mit mehr Herz als Verstand, wie die Chronik berichtet, zimmerte eine hölzerne Kapelle. Nachdem diese durch einen Tuffsteinbau ersetzt wurde, entstand schließlich 1909 wiederum eine neue Kapelle, die 1930 abgerissen und durch einen Neubau ersetzt wurde. Ringsum hatte sich wieder Wald ausgebreitet. Ein Kloster wurde dazugebaut. Heute liegt die Kapelle stimmungsvoll im Wald, außen umgeben von einem gedeckten Gang mit Kreuzwegstationen von Toorop; in der Mitte ist der Brunnen, von dem aus eine Allee mit sieben Linden an beiden Seiten zum Bildnis des heiligen Willibrord führt.

Als Oase der Ruhe liegt der Ort zwischen zwei Straßen und der Eisenbahn in der Nähe der Grenze zwischen Heiloo und Limmen. Er zieht jährlich Zehntausende von Pilgern an. In dem Dorf Heiloo steht bei der Weißen Kirche der Willibrordbrunnen unter einem säuberlich ausgeführten Dach, jedoch fühlt man an diesem Ort nichts. Der Ort der Weihe ist und war anderswo, dort, wo ihn Willibrord angegeben hat.

Am Kennemerstraatweg liegt an der Westseite der Heiloërbos, der an Straße, Weide und Eisenbahn angrenzt und sich dann im Overbos gegenüber dem Landhaus Nijenburg an der Ostseite fortsetzt. Einst war ganz Nordholland mit Wald bedeckt, unterbrochen durch klare Seen. Die Grafen von Holland pflegten dort zu jagen. Heute gibt es dort noch Buchenwald zwischen den beiden Dünenkämmen, der nach der Verwüstung durch die Spanier bei dem Gut neugepflanzt wurde. Im Frühling ist der Boden mit Waldanemonen und Maiglöckchen bedeckt. Zwischen den mächtigen Buchen erhebt sich ein Hügel, der sogenannte Katzenhügel. Könnten hier einst bei Vollmond Frauen in Katzengestalt getanzt haben? Heute steht auf der Hügelkuppe eine uralte Linde. Ich pendelte den Ort: Wie es sich gehört, waren Osten und

Willibrord-Brunnen

Süden Yang (rechtsdrehend), Westen Yin (linksdrehend), während im Norden keine Strahlung war. Ein wahrhaftiger Sonnenort.

Der Förster, der den Wald für die Gesellschaft Natuurmonumenten verwaltet, berichtet, daß hier viele Blaureiher, Rotdrosseln, Elstern, Dohlen, Eichelhäher, Falken und Rebhühner leben. Wer immer dem Ort seinen Namen gibt, ob es nun Maria oder wie früher Hertha ist – es ist der gute Geist, die Liebe Frau, deren Anwesenheit man mit dankbarer Freude erlebt. Es ist die Kraft des Orts, und dies genügt.

## DER GAEDSBERG BEI HATTEM

Im niederländischen Naturpark De Veluwe gibt es mehrere Hügel, die *Goudsberg* heißen, u. a. bei Hattem und Lunteren. Man weiß, daß dieser Name eine Verstümmelung von Godsberg ist. Es waren heilige Hügel, auf denen die Gottheit verehrt wurde. Es ist bekannt, daß heilige Orte meist von Wasser umströmt werden. Wasser beschützt, hält Unruhe und störende Kräfte ab. Deshalb, und nicht nur wegen des praktischen Nutzens bei einer Belagerung, umgab man früher Burgen mit einem Wassergraben, den man aushob, soweit man nicht einen natürlichen Wasserlauf ausnutzen konnte. Der ausgehobene Sand wurde entweder innerhalb des Ringgrabens zu einem Wall aufgeworfen oder zu einem Hügel aufgetürmt, auf dem die Burg erbaut wurde, von der aus man einen weiten Blick nach allen Seiten hatte. Wenn ein solches Wasser nicht stillsteht, sondern die Biegung eines Bachs ist, wußte man früher, daß dieser Bach einen unterirdischen Kraftstrom begleitete, der sowohl das Wasser als auch den Ort selbst mit Kraft auflud. Durch diese Kraft wurde das Wasser heilkräftig, vor allem bei Augenleiden. Wie viele alte Geschichten gibt es nicht über heilige, heilkräftige Quellen und Bäche in der Nähe heiliger Berge!

Wir hatten gelesen, daß es bei Hattem einen Godsberg geben soll, der heute *Gaedsberg* heißt. Um den Weg dorthin zu finden, fragt man am besten immer einen alten Mann, der auf einer Bank in der Sonne sitzt oder in seinem Garten werkelt. In der Tat, wir trafen jemanden, der ein Haus mit diesem Namen und einen Hügel dabei kannte, auf dem einst eine Kirche mit einem Friedhof gestanden hatte. Wir fanden es am angegebenen Ort – links nach Süden von der Straße ab, am Ende einer kleinen Allee. Die Bewohner des Hauses erlaubten es uns, den Hügel hinaufzugehen, der mit Brombeeren und Efeu bewachsen war – stets ein

Zeichen für eine starke Erdstrahlung. Von der Landstraße führte ein langer Fußweg (jetzt gesperrt) den Hügel hinauf, der sich in Ost-West-Richtung erstreckte. Er war mit Bäumen bestanden und wies zwei Mulden auf, von denen die eine im äußersten Osten lag. Dies wird wohl der Chor des Kirchleins gewesen sein, das später, wie üblich, auf dem alten heiligen Platz errichtet wurde. Ich pendelte – die Strahlung war stark Yin (linksdrehend), in der anderen Mulde desgleichen. Dazwischen trat plötzlich eine starke Yang-Strahlung (rechtsdrehend) auf. Dies war sicher die heidnische heilige Stelle, denn dort fühlte man sich von der Sonne mit dem Auftrag zur Erde gesandt, an der Schöpfung mitzuwirken. (Ein Hof mit Grund, der einem freien Bauern gehörte, hieß früher Sonnenlehen).

Der erwachsene Sohn des Hauses erzählte, daß er als Kind mit Vorliebe auf dem Hügel gespielt hatte, aber nun seit Jahren nicht mehr dort oben gewesen war. Als wir wieder zur Landstraße zurückgingen, sahen wir am Fuße des Hügels einen schönen blauen Teich. Glücklich die Bewohner eines solchen gesegneten Orts!

## HET SOLSE GAT

Bei unserer Suche nach alten heiligen Orten fanden wir auf der Veluwe das *Solse Gat*. Hierbei handelt es sich um eine langgestreckte, 20 × 40 Meter große Mulde inmitten eines großen Buchenwalds in der Nähe von Putten und Garderen, der den Namen Sprielder Bos trägt. Man gelangt dorthin über den Waldweg De Laak bei Wegweiser 270. Als ich im Jahre 1927 mit dem Fahrrad dorthin fuhr, lag das Dorf Drie tief im Schatten mächtig aufragender Bäume: Einige Holzhäuser unter Reetdächern, ein Ort, der einst Thri hieß, vielleicht also einst ein Drehort, wo man zu Ehren der Sonne in einer Spirale tanzte. Die Menschen kamen dort früher an dem heiligen Ort von Sol, der Sonnenjungfrau zusammen, um für sie an ihrem Ehrentag, dem 21. Juni, der Sommersonnenwende, zu singen.

Als das Christentum vordrang, bekehrte sich der Priester, der dieses Heiligtum hütete, formell zum neuen Glauben und ließ eine Kapelle bauen. Die Menschen des ganzen Vale Ouwe kamen jedoch nach wie vor zur Sommersonnenwende zusammen und sangen.

Bei der Kapelle entstand später ein Kloster. Es wird überliefert, daß seine Bewohner jedoch bald einen liederlichen Lebenswandel zu führen begannen. Dann brach in einer Winternacht ein furchtbares Unwetter über den Wald herein. Die Dorfbewohner von Wardloo (heute Garderen) und Puthem (heute Putten) verkrochen sich vor Angst tief in ihren Betten. Als am Morgen Sturm und Gewitter abgezogen waren und man nach Sonnenuntergang nach Sol ging, war das Kloster mit all seinen Bewohnern verschwunden, in der Erde versunken, und an seiner Stelle war ein tiefer Kolk zurückgeblieben: Das Solse Gat. Wo sich einst die Wälle und Palisaden des Klosters befunden hatten, sah man jetzt den Hang einer tiefen Grube, an deren Nordseite sich ein Sumpf gebildet hatte.

Traditionen aber sind stärker als Gebäude: Jedes Jahr zur Sommersonnenwende kamen und kommen Menschen zusammen, um hier für die Sonne zu singen. Der Ort blieb auch ein Sammelplatz für diejenigen, die im Wald lebten. Wenn aus allen Dörfern der Veluwe Menschen in der alten Tracht am längsten Tag des Jahres sich zum Singen versammeln, heute Sängerwettstreit genannt, kommen auch die Touristen als Zuschauer und Zuhörer. Damit die Idylle jedoch nicht zerstört wird, haben heute die Behörden den Wettbewerb, der jedoch nach wie vor stattfindet, an einen anderen Ort verlegt. Die Grube aber hat man sorgfältig eingezäunt.

Was dort einst geschehen ist, wissen die Bäume, deren Wurzeln es sich im alten Boden erzählen. Loo bedeutet Waldheiligtum, deshalb der Name Wardloo. Wer dort in den Wäldern spazieren geht oder Fahrrad fährt, sollte dies gut auf sich wirken lassen. Heiliger Boden bleibt heiliger Boden, der den Segen der Sonne in seiner Tiefe widerspiegelt und festhält. Was der Mensch dort fühlt, ist das, was in seinem eigenen Unterbewußtsein verschollen liegt.

## TIEFE WÄLDER UND HEILIGTÜMER

Wer gerne in Bergwäldern mit bizarren Felsen und uralten heiligen Stätten wandert, sollte einmal einen Ausflug in das Weserbergland in der Nähe der Rattenfängerstadt Hameln machen. Man wandere dann von Hessisch Oldendorf aus an der Gaststätte Die Pappmühle vorbei zum *Hohenstein*, einem 330 Meter hohen Hügelrücken, der mit Buchen und einigen anderen Laubbäumen bedeckt ist. An einem Bach und Hangwiesen mit idyllisch am Waldrand weidenden Kühen steigt der Weg langsam zu einer Quelle hinan und weiter durch einen wahrhaftigen Rotkäppchenwald, voller Pflanzen und Blumen unter den gewaltigen Buchen. Oben hat man einen weiten Blick über die Weserebene, und man bemerkt, daß der Fels immer wieder in tiefen Klüften auseinanderweicht, in denen man Gräber gefunden hat. Hier feierten die alten Sachsen ihr Frühjahrsfest zu Ehren der Göttin Ostara (Ostern) und trafen zu wichtigen Beschlüssen zusammen, bei denen jeder eine Stimme hatte. Über einen Steig erreicht man ein vorspringendes Felsplateau, den Sinngrün-Altar, wo Pendler einen starken vertikalen Kraftstrom feststellen.

Von diesem hohen Felsen sprang einst ein weißer Hirsch, um seinen Verfolgern zu entkommen. So wie heute das gesamte Gebiet als Naturschutzgebiet unter staatlichem Schutz steht, so wurde es in alten Zeiten von der örtlichen Gottheit geschützt: Holz, das dort geschnitten wurde, fiel vom Wagen; man durfte es nicht mit nach Hause nehmen. Wenn ein Jäger ein Tier töten wollte, versagte sein Gewehr: Die Tiere wurden behütet. Am anderen Ende des Bergrückens liegt die Ruine einer Burg. Hier fanden viele Kämpfe statt; die Sachsen verteidigten ihre heilige Stätte gegen die Franken, die das Christentum angenommen hatten. Die Sachsen lieben ihren Boden (in Twente verteidigten sie sich gegen die Flurbereinigung) und Mutter Erde.

Wer am nächsten Tag noch eine andere, noch beeindruckendere Bergwanderung machen will, fährt weiter zum Bergrücken *Ith bei der Stadt Goppenbrügge*. Wenn man am Schützenhaus vorbei auf einem Feldweg nach oben geht, gelangt man zu einem bezaubernden Wanderweg, der im Juni mit blühenden Heckenrosen, Weißdorn und duftendem Holunder gesäumt ist. Im weiteren Verlauf findet man unter einem Kreis von Bäumen an zwei Seiten einen Opferstein.

Über einen morastigen Forstweg zwischen üppigem Grün emporsteigend erreicht man den Kammweg, der sich kilometerlang über den Berg hinzieht und von dem aus viele gut beschilderte Nebenwege abzweigen.

Hier fühlt man noch stärker als auf dem Hohenstein, daß man auf heiligem Boden geht! Mächtige Felsen ragen wie Bollwerke auf, und an vorspringenden Felsenzacken wurden zweifellos Opfer gebracht, Gebete gesprochen oder Lobgesänge für die Götter angestimmt.

Es war gerade zwölf Uhr Sonnenzeit, als wir über eine Steintreppe den Gipfel eines hohen Felsen erreichten, wo wir die Sonne begrüßten, die uns durch das Blätterdach heiliger Eschen und eines Vogelbeerbaums (die den alten Kelten heilig waren) anblickte. Es war auch beinahe ihr Festtag, der 21. Juni, der

Sonnwendtag. Auf unserer Wanderung fanden wir immer wieder Steinsäulen mit den Jahreszahlen 1780 oder 1790, in die Runen eingeritzt waren: Eine liegende Wolfsangel oder ein doppeltes Waage-Zeichen mit einem nach unten gekrümmten Haken oder zwei dreiästige Bäume, die in Richtung einer Sonne geneigt sind. Offenbar war auch anderen die alte Atmosphäre hier aufgefallen (die Steine erwiesen sich als Grenzsteine).

Es wiederholt sich an vielen Orten: Organe von Mutter Erdes Leib senden ihre Strahlung aus, die von unverdorbenen Menschen empfunden wird. Dort fühlt der Mensch sich mit besonderer Kraft beschenkt, dort richtet er einen Stein auf oder nimmt Wohnung im Schutz der Gottheit, deren heilige Stätte man beschützt. Dorthin kommt der kranke oder unglückliche Mensch, um eine Nacht zu schlafen und im Traum den gewünschten Rat zu erhalten. (Dabei sieht er dann das Bildnis der Heilpflanze, die er zu seiner Heilung pflücken soll). Vielleicht stellen sich auch Visionen ein (hier wuchs sehr viel Bilsenkraut). Höhlen und Klüfte zwischen den Felsblöcken laden zu kurzer Rast ein, bei der wir gerne gebrauchen, was die Natur uns schenkt: Reisig für ein Lagerfeuer, Hänge voll Waldmeister, mit dem wir den Honigmet würzen, Pilze und Walderdbeeren als Nahrung. Hier gedeihen noch viele seltene Pflanzen. Im Herbst, wenn der Boden mit dem Gold der Buchen bedeckt sein wird, muß es in diesen Wäldern auch herrlich sein. Die feierliche Stille in der Baumgemeinschaft und die alten Geschichten, die die Felsen bewahren, nähren die Seele des Wanderers. All dies gibt es noch. Nehmen wir es in uns auf!

## BAUMFEEN UND QUELLNIXEN

Bei den Brunnen mit ihrem klaren Wasser, das reich an Mineralstoffen und daher heilkräftig war, verehrte man dankbar die Nymphe, die dort wohnte. Als man sie nicht mehr wahrnahm, nur mehr fühlte, errichtete man ihr ein Bildnis aus Holz oder Stein bei der Quelle. Später verbarg man das Bildnis vorsichtig im angrenzenden Wald.

In den späteren Jahrhunderten geschah es immer wieder, daß ein Hirte oder Bauer ein solches Bildnis bei einem Baum oder einer Quelle fand. Dieses erhielt dann den Namen Mariens, wie die Große Mutter nun offiziell genannt wurde. Die Nachricht von dem Fund verbreitete sich rasch, und man verehrte das Bildnis anstelle des Wesens; es war der Beginn der Pilgerfahrten zu den wundertätigen Marienbildnissen. Hunderte von Menschen strömten barfuß zu dem Bildnis beim Baum oder an der Quelle, zu Maria zur Linden oder Maria Eich oder Maria beim Heiligen Brunnen. Entlang dieser Pilgerwege wurden Wegeskapellen errichtet, bei denen man betete und seine Bitten und Klagen vorbrachte. Wenn man dann tagelang singend und die reine Luft einatmend mit frommen Gedanken den Pilgerweg entlang gewandert war und dann auch noch das heilkräftige Quellwasser trank, war man alle Leiden und Sorgen los, fühlte sich wie neugeboren und dankte Maria dafür. Die Fee oder Nymphe wird dies sicher gefühlt und dankbar angenommen haben, auch unter dem Namen Maria, denn Namen sind schließlich nebensächlich, wenn man sich an das Wesen selbst wendet, dessen Anwesenheit man fühlt.

Wenn die Entwicklung der Menschenseele von der ersten, magischen Phase zur zweiten, der Verstandesphase fortschreitet, dann lebt man immer weniger von innen nach außen, sondern betrachtet alles von außen nach innen; die Ich-Phase wird von der Du-Phase abgelöst. Man wird wißbegierig und projiziert sein eigenes Seelenwesen auf die Umgebung, sein eigenes Wissen, das unbewußt wird, auf eine Autorität in der Außenwelt: Erzieher, Kirche und Staat. Man glaubt alles, was sie erzählen und lehren, und all dies muß möglichst wirklich geschehen sein, Geschichte, bewiesene Tatsachen (dieses Bedürfnis wiederholt sich bei jedem Kind ab seinem siebten Lebensjahr; deshalb geht es dann gerne zur Schule!). Die Verehrung richtet sich nicht mehr auf lebende, jetzt sichtbar gewordene Wesen, sondern auf geschichtliche Persönlichkeiten, deren Biographie, wahr oder nicht, man gehört oder gelesen hat. Deshalb spielte es jahrhundertelang für die Menschen keine Rolle, ob das Bildnis eine Fee oder eine Nymphe oder eine historische menschliche Persönlichkeit darstellte. Man bittet sie einfach um Hilfe, um von einer Krankheit geheilt zu werden oder ein Examen zu bestehen oder was auch immer. Meist tritt der gewünschte Erfolg auch tatsächlich ein, und zwar *durch die Kraft des eigenen Glaubens*. Die kosmische Kraft Jupiters im Menschen ist ja *sowohl Glaube als auch Heilung*. Sagte nicht auch Jesus: Euer Glauben hat euch geheilt? Der Mensch aber in seiner Projektionsphase schreibt das Ergebnis anderen zu, Kräften außerhalb seiner selbst.

Immer tiefer verstrickte sich die Menschenseele in das Stoffliche, weltlichen Ehrgeiz, Geld, Bequemlichkeit und Genuß. Deshalb begeben sich heute nicht mehr Tausende, sondern nur noch Hunderte oder Dutzende von Menschen auf Pilgerfahrt. Es gibt sogar Kapellen, in denen die Jugendlichen alles kurz und klein geschlagen haben; man fühlte sich betrogen.

Der objektive Betrachter kann alles verstehen. Den Glauben, die Verblendung und die Abkehr. Der Mensch verändert sich, und das ist auch gut so. Stillstand ist von Übel. Für diejenigen, die etwas über die letzten Reste der vergangenen Periode und gleichzeitig die Botschaft des Unvergänglichen, das sich in immer neuem Gewand offenbart, erfahren möchten, wollen wir über eine Reise berichten, die uns in Brabant an alte heilige Orte geführt hat.

Wir hatten schon vor langer Zeit von der Heiligen Eiche bei *Oirschot* gehört. Auf Wegweisern ist auch tatsächlich angegeben: Zur Heiligen Eiche. Als wir jedoch an den angegebenen Ort kamen, zeigte es sich, daß die Eiche selbst an Altersschwäche eingegangen war. Die Kapelle stand jedoch noch, und zwar an einem schönen, friedlichen Ort, einem Laubwäldchen in einer Biegung des Flusses Beerze, der heute durch die Stauwehre nur mehr träge fließt. Die Vögel sangen in den Bäumen, am Ufer blühte das Sumpf-Vergißmeinnicht, der schmale Fußweg am Rande des Wassers wand sich durch Sonne und Schatten. In der Kapelle stand das Bildnis Mariens, das in Wirklichkeit der Fee der alten Eiche geweiht war, die ja eine heilige Eiche war. Ein herrlicher Ort der Ruhe und Harmonie unweit der Straße. Als das Wasser hier noch sauber war, nahm man es zur Heilung von Augenleiden mit nach Hause.

Ganz anders war es in dem lebhaften Ort *Uden*, wo wir Maria Ter Linde besuchten, die heute in einer großen Kirche an der Wand dargestellt ist: Eine Frau in der Krone einer Linde, der Wundertaten zugeschrieben werden; vermutlich wurde das Bildnis auch in einer Linde gefunden. Silberne Exvotos und Dankbezeigungen auf silbernen Herzen zeugen von dem Glauben an ihre wundertätige Kraft.

Ein sehr beliebter Wallfahrtsort ist das Dorf *Handel*, wo eine heilkräftige Quelle zum Anlaß für die große Verehrung der Quellnixe, die jetzt Maria genannt wird, wurde. Die heute umfriedete Quelle befindet sich noch neben der Kirche; das Wasser wird durch ein Rohr geleitet, das aus einem künstlichen Felsen austritt. Ein großer Park mit einem Bittweg längs Kreuzwegstationen erstreckt sich um die Kirche. Das Bildnis Mariens mit dem Kind auf dem Arm (die klassische Vorstellung der Göttin im gesamten Mittelmeergebiet, die verschiedene Namen trug: Isis, Hathor, Ishtar, Astarte, Inanna, usw.) soll nach der Legende ein Schäfer »auf einem dürren Stock« gefunden haben, vielleicht einem Weißdornstrauch, d. h. Maria wurde schon früher als die Baumfee verehrt. An dieser Stelle wurde eine Kapelle errichtet.

An vielen Orten gibt es Überlieferungen, nach denen ein Frauenbildnis, das man in einem Baum gefunden und zur Kirche gebracht hatte, am folgenden Tag von selbst wieder zum Baum zurückgekehrt war. Nachdem sich dies zweimal wiederholt hatte, baute man die Kirche um den Baum.

In Brabant hatte man zu allen Zeiten ein besonderes Verhältnis zur Lieben Frau, der Göttin – die Gegend hieß dann später auch in den katholischen Chroniken Brabantia Mariana. Ähnliches gilt für die angrenzenden Gebiete Belgiens. So fanden wir in dem Dorf *Zonhoven* (dieser Name weist schon daraufhin, daß sich hier zu allen Zeiten ein Sonnenheiligtum befand) eine Kapelle aus dem Jahre 1666, die heute restauriert ist und den Namen Onze Lieve Vrouwe Ten Eikenen heißt. Im umliegenden Park gibt es eine Anhöhe für eine Messe unter freiem Himmel, über der dieser Name in großen Buchstaben geschrieben steht. Neben dem Ostfenster des Chors steht draußen eine Eiche, die durch das Fenster auf den Altar blickt. Dieses Fenster ist mit einer besonders schönen modernen Darstellung der Mutter Gottes mit dem Kind geschmückt. In der Außenmauer finden wir im dunklen Stein noch alte Verzierungen: Ein rechtwinkliges Kreuz auf einem Dreieck und einen Davidsstern. Die Restaurierung ist mit viel Stilgefühl erfolgt und macht eine Besichtigung lohnend.

Ebenfalls auf belgischem Gebiet suchten wir die Straße nach *Koersel* in der Nähe von Zolder, Beringen und Heusden. Bei dem Wegweiser Zur Kapel 't Fonteintje zweigt man ab und fährt eine sehr lange Straße entlang, die zunächst zwischen lauter Villen hindurchläuft, dann stiller und einsamer wird und in einen Wald hineinführt. Kurz bevor diese Straße vor einem militärischen Übungsgebiet endet, findet man links ein Restaurant und rechts die Kapelle, bei der das Wasser einer heilkräftigen Quelle durch eine Felsenimitation geleitet wird und aus einem Rohr plätschert. Daneben sieht man in einem Stein die Darstellung eines knieenden Bauern vor einer Marienkapelle, der einen Baumstamm zwischen die Beine geklemmt hat. Nach der Legende soll dieser Mann die Quelle gefunden haben, an der er sich labte und von einem Leiden genesen wurde. Aus Dankbarkeit schlug er einen Pfahl in die Erde, neben dem er ein selbstgeschnitztes Marienbildnis aufstellte. Später baute man eine Kapelle dazu, in deren Innerem man jetzt eine Muttergottes mit Kind vorfindet, in rotem Samt, der mit Gold bestickt ist, und mit kostbaren Kronen auf den Häuptern. Im Park führt ein langer Weg an Kreuzwegstationen vorbei, und es gibt sogar einen steinernen Jesus in einem unterirdischen Grab.

Auf unserer Reise fanden wir eine Vielzahl von Kapellen, jede mit ihrem eigenen romantischen Reiz und von vielen brennenden Kerzen erhellt. Sehr interessant erschien uns eine uralte Kapelle an einer Wegkreuzung in *Houthalen*, neben einem langen, alten Bauernhof. Sie liegt von einem großen Park umgeben, und an der Vorderseite stehen zwei knotige Linden. Im Inneren findet man drei Frauenbildnisse nebeneinander: Die Heilige Maria, Katharina mit dem Rad und Barbara. Darin erkannten wir die drei Jungfrauen Ambet, Wilbet und Borbet: Die Göttinnen von Mond, Erde und Sonne, die einst in ganz Europa verehrt wurden. Maria ist analog zur Mondkraft, die den Geistesfunken vom Himmel zur Erde leitet (man denke an die Sixtinische Madonna mit den Kindergesichtern hinter ihr in den Wolken!); sie wird auch Anna oder Ambet genannt. Barbara (Babette, Borbet) trägt das Sonnenemblem auf der Brust; Katharina ist als Wilbet die Erdgöttin (andernorts die Schwarze Madonna, die in einer Höhle verehrt wird). Vielleicht muß man auch Katharina/Wilbet wegen des achtspeichigen Sonnenrads als die Sonnenjungfrau betrachten und Borbet als die Erdgöttin.

Mit welchen Namen man sie auch immer belegen mag, sie leben in der Menschenseele als Gestalten kosmischer Kräfte fort, die im Menschen wirken und sich durch den Menschen ausdrücken. Die Sonne als das geistige Ich, der Mond als die gewachsene Seele oder Persönlichkeit und die Erde als der stoffliche Leib – sie bilden zusammen den Menschen als Vollstrecker der Göttlichen Welt.

## DIE WOTANSEICHEN BEI WOLFHEZE

Auf der Autobahn von Arnhem nach Utrecht gibt es rechts eine Ausfahrt zur Ortschaft Wolfheze. Links unten sieht man dann einen Parkplatz liegen, der allerdings nicht ganz leicht zu entdecken ist. Dieser ist der Ausgangspunkt für eine Wanderung auf dem Oude Kloosterweg, der durch ein Waldgebiet führt, das der Vereniging voor Behoud van Natuurmonumenten gehört. Früher stand einmal am Ende des Weges ein Kloster, das, wie es häufig der Fall war, an einem uralten heidnischen Opferplatz errichtet wurde, in diesem Fall in einem Eichenwald. Dieser Wald ist von vielen Wanderwegen und einigen kleinen Bächen durchzogen. Man kann der ersten oder zweiten Abzweigung links folgen, und man hat dann zur Rechten Wiesen mit weidenden Kühen, die zu einem in der Nähe gelegenen Bauernhof gehören.

Nirgends findet man einen Wegweiser zu den Wotanseichen, aber vielleicht ist dieses Totschweigen nur gut, um den profanen Trubel der Tagesausflügler mit Kindern zu vermeiden, die nur deshalb kommen, weil hier eben ein offizielles Wandergebiet ist. Wer also gewillt ist, ein wenig zu suchen, findet und folgt dann einem Pfad in die Höhe, der erst längs eines Baches und später zwischen zwei Bächen verläuft. Dann befindet man sich in dem uralten heiligen Eichenwald. Die zerfurchten, mächtigen Stämme der ehrwürdigen Eichen ragen hier mit ihren dicken, bizarr geformten Ästen zu beiden Seiten in den Himmel; nicht wenige von ihnen sind vom Blitz getroffen, gespalten und teilweise abgebrochen. (Um diese Verwundungen kümmert sich offenbar kein Mensch, so daß an vielen kahlen Stellen der Moder frißt). Wenn man im Banne all dieser Schönheit zu einer dort befindlichen Bank geht, dann ist man in unmittelbarer Nähe der am schönsten gelegenen Eiche, die hart am Ufer des Baches steht, dessen Wasser zwischen Farnen und Weidenröschen hindurch eine Schleife um sie bildet. Wie wir wissen, ist ein solcher Ort in der Biegung eines Baches besonders geschützt und geheiligt, so daß diese mächtige Eiche ein gutes Plätzchen hat. Viele Bäume hier weisen einen Stammumfang von bis zu fünf Metern auf. Ihre gewaltigen Wurzeln treten hie und da zutage, wo sie wie die Adern einer alten Menschenhand anmuten. So weit wie die mächtige Krone oben auslädt, so weit breiten sich die Wurzeln in der Erde aus. Das Pendel schlägt bei einem solchen Baum kräftig nach rechts aus, d. h. Yang. Welch eine Kraft! Sogar an den untersten, uralten Ästen entspringen noch junge Zweige, frisch begrünt. Der Name dieses Orts, die Wotanseiche, weist daraufhin, daß hier einst Wotan (Odin, Hermes, Merkur) verehrt wurde, die Vatergottheit der alten Germanen. Er zog mit einem breitkrempigen Hut umher, der die Stelle bedeckte, wo er sein eines Auge geopfert hatte, um dafür in den Besitz der Runenweisheit zu gelangen. Er schenkt die Kraft, die im Menschen beim Übergang von ihrer ersten mythischen, magischen Phase zur zweiten, intellektuellen Phase der Entwicklung wirkt. (Als der sog. Wächter erscheint seine Gestalt auf den Externsteinen, mit einem verbliebenen Auge, das einst mit einem in der Sonne glühenden Bernstein gefüllt war. Er ist die Kraft, die zusammen mit seinen Brüdern Vili und Ve dem Menschen die Fähigkeit schenkt, zu denken und die Gedanken in Sprache umzusetzen, zu sprechen, zu dichten und zu singen und diese Worte wiederum in Zeichen,

Runen, darzustellen. So wie seine Einweihung in die zweite Phase (die jeder Mensch um das achte Lebensjahr wiederholt) in der Edda beschrieben wird, in dem heiligen Buch der nordischen Völker:

> Ich weiß, daß ich hing am windigen Baum
> Neun lange Nächte,
> Vom Speer verwundet, dem Odin geweiht,
> Mir selber ich selbst,
> Am Ast des Baums, dem man nicht ansehn kann,
> Aus welcher Wurzel er wächst.
>
> Sie boten mir nicht Brot noch Horn;
> Da neigt' ich mich nieder,
> Nahm die Runen auf, nahm sie schreiend auf,
> Fiel nieder zur Erde.
>
> Zu gedeihen begann ich und begann zu denken,
> Wuchs und fühlte mich wohl.
> Wort aus dem Wort verlieh mir das Wort,
> Werk aus dem Werk verlieh mir das Werk.
>
> Runen wirst du finden und ratbare Stäbe,
> Sehr starke Stäbe,
> Sehr mächtige Stäbe,
> Die Fimbulthul färbte
> Und die großen Götter schufen
> Und der hehrste der Herrscher ritzte.

Wotan schenkt dem Menschen in dessen Kindheit die schöpfende Kraft der Sprache und später des Zeich(n)ens. Es ist eine Wiederholung der Einweihung Wotans, wenn das Kind zu sprechen und zu zeichnen beginnt. Insofern gleicht Wotan (Odin im Norden) in der Tat Hermes/Merkur der Griechen und Römer. Es gibt jedoch einen großen Unterschied: Bei den Völkern Südeuropas war Hermes/Merkur der stets jugendliche, flinke und bewegliche Bote. In Mittel- und Nordeuropa dagegen ist er der Allvater, ein alter Mann, der seinen Sohn, den jedes Jahr aufs neue geborenen Lebensgeist, hinter sich auf seinem achtfüßigen Pferd Sleipnir mitführt. Das Pferd ist die Zeit, die ihn vorwärts eilen läßt, das kausale Denken und Abwägen.

Bei den südlichen Völkern war der Gottvater jedoch Zeus/Jupiter, der Lebensgenießer, wenn auch zugleich der Richter und Weise. Ihm waren die Eichenwälder geweiht (z. B. bei Dodona).

Bei Wotan, der in unseren Gegenden der oberste Gott ist, finden wir daher Züge sowohl von Merkur als auch von Jupiter, und die Eiche ist Wotans Baum: Ihre Zweige sind gewunden wie das menschliche Gehirn. Der Mittwoch ist Wotans Tag (wednesday), im französischen wiederum Mercredi, »Merkurtag«. Aus astrologischer Sicht wirken in der Eiche sowohl die enorme Widerstandskraft von Mars (Tiu) als auch die schützende Kraft Jupiters (Donar, Thor). Die Dächer der sächsischen Bauernhöfe werden immer von einigen mächtigen Eichen überragt (z. B. in Twente und in der Lüneburger Heide). Im niedersächsischen Solling gab es einen großen Eichenwald auf zinnhaltigem Boden: Ein Ort Jupiters (die Kanadier rodeten den Wald und ließen nur eine breite Allee mächtiger Eichen stehen). Eichenholz ist praktisch unverwüstlich. Die Eichenpfähle von Rijnbruggen, die von den Römern eingeschlagen wurden, stehen immer noch im Wasser. Die Wotanseichen von Wolfheze sind sicher schon Jahrtausende alt, und wie alt mögen sie noch werden?

> Ik weit einen Eikbom, de steiht an de See;
> De Nurdstorm, de brust in sin Knäst;
> stolt reckt hei de mächtige Kron in de Höh;
> so is dat all dusend Johr west.
> Kein Minschenhand,
> de hett em plant't,
> hei reckt sik van Pommern bet Nedderland.
>
> Ik weit einen Eikbom vull Knorrn un vull Knast,
> up den'n fött kein Bil nich un Aext.
> Sin Bork is so rug, un sin Holt is so fast
> als wir hei mal bannt und behext.
> Nicks hett em dahn;
> hei ward noch stahn,
> wenn wedder mal dusend von Johren vergahn.

Fritz Reuter

# Mensch und Natur wieder vereint

STEINE WERDEN ÄLTER ALS MENSCHEN

Die niederländische Provinz Drente mit ihren Dutzenden Hünengräbern (= Hünenbetten) lockt in der Regel keine anderen Besucher an als Sonntagsspaziergänger mit ihren Kindern, die gerne auf die Steine klettern, von einer Handvoll Touristen abgesehen, die der Zufall manchmal hierher verschlägt. Nach Stonehenge aber reisen Tausende aus ganz Europa und Amerika. Man kann nur wünschen, daß dies auch so bleibt, damit nur diejenigen zu den Hünenbetten kommen, die ein Empfinden für die Kräfte dieser Steine haben, die etwas von der Sprache der Steine verstehen. Die Steine sprechen in der Steinsprache miteinander, sowie die Pflanzen sich in der Pflanzensprache unterhalten und die Tiere die Sprache ihrer eigenen Art gebrauchen. Dies ist alles Telepathie, Schwingungen auszusenden und zu empfangen, auf die Sender und Empfänger abgestimmt sind.

Kräfte und Schwingungen sind fühlbar, und der Mensch kann sie auch wieder messen und sogar photographieren (Kirlian-Photographie von Schwingungen, die Lebewesen aussenden). Bei einem der Hünenbetten in Drente fehlt ein Stein in der Ellipse der Steine, die dieses Grab bilden. Ich weiß von jemandem, der sich in diese Lücke stellte, mit beiden Händen die Steine neben sich anfaßte und einen Kraftstrom durch sich hindurch gehen fühlte. Genau so, wie es bei einem Kreis meditierender Menschen geschieht, die sich an den Händen fassen.

Ist der Wesensunterschied zwischen Mensch und Stein wirklich so groß?

Alle Geschöpfe entstehen aus einer Verdichtung kosmischer Muster, die sich als Kraftlinienkomplexe erst zart und schwach, dann fester und gröber unserem irdischen Äther einprägen und die, soweit wir wissen, nicht weiter gerinnen als bis zum Steinzustand. Das bedeutet, daß ein himmlisches Wesen sich opfert, um sich ganz als Stein zu »inkarnieren«. Nach Hunderttausenden von Jahren leitet es vielleicht seine Exkarnation ein – wie ein Mensch, der sich bekehrt und vergeistigt –, indem es zunächst durchsichtig, dann lichtdurchscheinend wird und seine Eigenart in seiner eigenen Kristallform ausdrückt.

Es gibt Felsen, in denen man ein Tier oder einen Menschen erkennen kann. Ist es eine Seelenversteinerung oder eine Steinvermenschlichung? – Im Müllertal in Luxemburg z. B. gibt es solche Felsen mit ausgeprägter Menschengestalt. Im Wald von Fontainebleau, – wo einst ein heidnisches Heiligtum war, das so stark ausstrahlte, daß sich niemand dem Ort nähern konnte, auch nicht die römischen Soldaten, später die Truppen Napoleons, die hineingejagt wurden, aber voll Schrecken zurückwichen – sieht man Felsformationen, die aussehen wie versteinerte Tiere.

In den Externsteinen, den vier gewaltigen Felsen des uralten Sonnenheiligtums bei Horn und Bad Meinberg glauben viele Menschenantlitze zu erkennen – eine Laune der Natur oder Menschenwerk?*

Ja: Auch Steine leben, sehr langsam zwar, aber sie werden auch Hunderttausende von Jahren alt.

## WIEDERKEHR

Weil alle kosmischen Muster nach Ablauf bestimmter Zeiträume auf der Erde wiederkehren, erleben wir es heute, daß die alten Völker zurückkommen, die in der Steinzeit die unzerstörbaren Steinkreise, Hünenbetten, Dolmen und Menhire geschaffen haben. Kelten und Germanen, aber auch noch viel ältere Völkerstämme reinkarnieren sich heute in Europa und suchen ihre alten Heiligtümer wieder auf, die sie unwiderstehlich anziehen. So wandern sie unentwegt durch die Landschaft, von ihrem Heimweh geführt, so wie eine Katze nach dem Umzug keine Strapazen scheut, um in die frühere Wohnung zurückzukehren, wie ein Zugvogel, der im Frühjahr in den gleichen Garten zurückkehrt, um zu brüten.

Vor allem in England und Irland machen solche zurückgekehrte Kelten von sich reden (Richard Long, John Mitchell, Skinner, Pennick), die auch den Verbindungslinien zwischen den Heiligtümern nachspüren und manchmal sogar ihrer alten Gewohnheit nicht widerstehen können, Steine aufzurichten. In England hat sich sogar eine sogenannte Megalithische Schule für Künstler, vor allem Bildhauer, gebildet, die zur Zeit 27 Mitglieder umfaßt, von denen einige wieder begonnen haben, Visiersteine aufzurichten.

*Wirth, Hermann, Europäische Urreligion und die Externsteine. Hamkes, Treerk, Der Externstein – Seine Geschichte und seine Bedeutung.

# WIE OBEN, SO UNTEN

In alten Zeiten lebte der Mensch noch viel stärker als jetzt mit dem Sternenhimmel mit. Nicht nur, daß man sich zu Lande und zu Wasser bei Dunkelheit an ihnen orientieren mußte; man weissagte auch aus den Sternen, beobachtete ihren Lauf und zog aus ihren wechselseitigen Mustern Schlüsse über das irdische Geschehen: Astronomie und Astrologie waren noch eins.

Alte Namen erinnern noch an diese Observatorien, wie in den Niederlanden der Name Sterrebos (z. B. bei Naarden, Breda) und in Deutschland der häufige Flurname Sternberg. Man baute solche Observatorien möglichst hoch, d. h. also auf einem Hügel, vielleicht auch mitten in einem Sternenwald. Man errichtete dort zunächst hölzerne, später steinerne Türme wie z. B. Rundtürme, die noch im alten Irland stehen, und das steinerne Tor auf dem Hügel von Glastonbury in England. Dort oben erkundete man den Sternenhimmel. Rings um den Hügel mit dem spiralförmigen Weg zum Tor ist die Landschaft seit alten Zeiten in Figuren gegliedert, die die zwölf Sternzeichen des Tierkreises darstellen; diese sind von oben zu erkennen und heute auch wieder kartographiert. Wege, Wälle und Hecken bezeichnen die Grenzen.

Wie wir bereits erwähnt haben, sind auch viele alte Heiligtümer auf der Erde genau den Sternbildern des Himmels nachgebaut, so z. B. die Marienkirchen in Frankreich, die einst Heiligtümer der Göttin waren und die miteinander eine Figur bilden, die dem Sternbild der Jungfrau entspricht.

Rings um die belgische Ortschaft Weris (was Sternwarte bedeutet) liegen die Menhire und Hügelgräber genau so, daß sie das Sternbild des Großen Bären nachbilden.

# MODERNE VISIERSTEINE

Einige moderne Megalithenbauer haben den Drang in sich verspürt, an einer Stelle mit weitem Blick wie in alten Zeiten ein Observatorium zu bauen, von dem aus man an den vier Eckpunkten des Jahres die Sonne aufgehen sehen kann, d. h. also am längsten und am kürzesten Tag und an der Tagundnachtgleiche im Frühjahr und im Herbst.

# DAS SONNENTOR VON IMMERLOO

Auch in den Niederlanden gibt es moderne Megalithenbauer. So errichtete im Jahre 1980 Marius van Beek ein Sonnentor mit Visiersteinen im Immerloopark in Arnhem. Wer das Monument besuchen will, geht bei der Bergumselaan von diesem neuen Wohnviertel auf den Fuß- und Radweg; im Park wendet man sich nach rechts und geht über eine breite Treppe einen Hügel hinauf, der sich über einer Spielwiese erhebt. Dort sieht man im Gras, mit weitem Blick über die Wiese und dahinterliegende Baumgruppen, die teilweise Hochhäuser bedecken, das aus grauem Marmor erbaute Tor: Zwei mächtige Stützsteine mit einem Deckstein, von Ost nach West ausgerichtet. Die senkrechten Steine sind an der Innenseite poliert. Ihre Höhe ist so gewählt, daß ein Mensch gerade aufrecht darunter stehen kann. Auf der nach Süden liegenden Fläche ist ein in halb liegender Stellung verharrender Mann eingraviert, der mit erhobenen Armen einen niederstoßenden Adler als Sonnenvogel begrüßt. Auf der Nordseite sieht man ebenfalls einen nackten Mann, der die Sonne, dargestellt durch zwei konzentrische Kreise, als Diskus wegschleudert (der Sonnengott?).

In einiger Entfernung davon stehen etwas tiefer die beiden *Visiersteine*, spitz nach oben zulaufend und so aufgestellt, daß man, wenn man zwischen ihnen hindurch zum Sonnentor blickt, d. h. nach Osten, am 21. März und am 21. September, den Tagen der Tagundnachtgleiche, die Sonne mitten im Sonnentor aufgehen sieht. Solange man jedenfalls die Lücke in dem dahinterliegenden Baumbestand freihält! – Dann begrüßt man also die Sonne in einem Ehrentor. Wenn man sie so sieht, weiß man sofort, daß dies der Sonnwendtag ist. So machten es unsere keltischen und germanischen Vorfahren. Jeder kann es selbst ausprobieren; der Park ist frei zugänglich. Zwischen den beiden Monumenten liegt an der Seite ein Brocken roten Marmors, der an einer Seite poliert ist. Ist er nur zur Verzierung da oder steckt eine bestimmte Absicht, etwas Symbolisches dahinter?

Da dieser Ort seit jeher den Namen Immerloo trägt, ist das Sonnentor hier unbedingt an seinem Platz, denn Loo bedeutet ja heiliger Ort im Wald. Vielleicht hieß es ursprünglich Irminloo und stand hier eine Irminsul, wie in Ermelo. Ir ist der Name der Gottheit und bedeutet Herr; Min bedeutet Liebe, Sul bezeichnet eine Säule. Das heißt: Eine Säule aus Liebe zu Gott dem Herrn. Bei den alten Germanen war dies das Bildnis eines Baums: Ein Holzstamm mit zwei sich aufrollenden Ästen.

# DAS OBSERVATORIUM VON ROBERT MORRIS

Ein zweites Sonnenobservatorium unserer Zeit wurde im Jahre 1970 von dem amerikanischen Künstler Robert Morris entworfen. Ursprünglich war es ein Exponat der Ausstellung Sonsbeek-buiten-de-perken, und zwar in Velsen. Als es dort rasch verfiel und verschwand, wurde es in Oostelijk-Flevoland auf Initiative von Sonsbeek-Onbeperkt und unter Mitwirkung einer Stiftung, eines Fonds und von CRM in Oostelijk-Flevoland neu errichtet und 1977 fertiggestellt. Es liegt zwischen Lelystad und Swifterbant, wo der Houtribweg in den Swifterringweg übergeht. Man fährt dort nach rechts auf die Straße nach Elburg und gelangt zwischen zwei Buchenzeilen hindurch auf das Gelände, auf dem bald das Observatorium sichtbar wird. Es besteht aus zwei konzentrischen Erdwällen, die von West nach Ost von einem Weg durchschnitten werden. Der äußere Wall hat einen dreieckigen Eingang, durch den man sowohl den rechteckigen Durchgang nach Osten als auch die beiden dahinterliegenden Visiersteine sehen kann, zwischen denen am 21. März und am 21. September die Sonne aufgeht.

Der äußere Wall fällt durch seine elegante Linienführung auf: Zu beiden Seiten des Eingangs schwingt er wie eine schön

Das Observatorium von Robert Morris. Hier kann man den Sonnenaufgang an den Jahreszeitenwechseln beobachten.

geformte Oberlippe ab und teilt sich dann in einen Auslauf zu einem mit Wasser und Schilf gefüllten Graben an der Außenseite und zu einem kleinen Deich an der Innenseite, der anschließend wieder zu einer Erhöhung an beiden Seiten ansteigt. Auf diesen Erhöhungen befinden sich Einschnitte, in denen die Visiersteine für die Winter- und Sommersonnenwende angeordnet sind; diese, die jeweils aus vier rechteckigen Granitblöcken bestehen, sind so schräg gegen den Erdwall gelegt, daß sie sich unten beinahe berühren und so einen rechten Winkel bilden.

Der innere Wall ist von innen mit Holz ausgekleidet, und man betritt ihn durch eine rechteckige Öffnung. In der Mitte liegt ein Stein, und wenn man sich daraufstellt, blickt man nach Osten durch einen schmalen Spalt auf die stählernen Visiersteine, die am Ende eines langen Weges auf dem äußeren Wall angeordnet sind. Sie bestehen aus zwei großen, quadratischen, zwei Zentimeter dicken und vom Rost verfärbten Stahlplatten, die an einer Ecke mit einer Stahlkonstruktion fest im Erdwall verankert sind und sich mit den anderen Ecken in einem Winkel von 60 Grad berühren. In diesem Winkel sieht man dann an den Tagen der Tagundnachtgleiche die Sonne über der endlosen Ebene von Flevoland aufgehen. Blickt man von diesem Stein aus durch die andere Spalte auf die granitenen Visiersteine auf dem äußeren Wall, dann sieht man links den Sonnenaufgang am längsten und rechts am kürzesten Tag. Von den eingegrabenen Ecken der eisernen Visiersteine verlaufen Gräben entlang dem mittleren Weg mit einem kleinen Deich an der anderen Seite, wodurch eine dreigliedrige Verbindung zwischen äußerem und innerem Wall entsteht.

Vom eigentlichen Zweck dieses Bauwerks einmal ganz abgesehen, nötigt einem die Ingenieurleistung Respekt ab, durch die es gelungen ist, die Kolosse durch eingegrabene Eisenprofile bei jeder Witterung an ihrem Platz zu halten, und vor allem beeindruckt die gelungene Linienführung des Entwurfs – dies ist wahre Landschaftskunst.

Bisher sind es nur wenige Menschen, die wirklich an den vier Eckpunkten des Jahreslaufs durch die Öffnungen der aufgehenden Sonne entgegenblicken. Ihre Zahl wird aber bald zunehmen, da jetzt immer mehr Menschen sich reinkarnieren, die aus der vorigen Megalithenbauperiode stammen. Heute, da man wieder beginnt, in Analogien zu denken, und sich darauf besinnt, daß es die Aufgabe und das Vorrecht des Menschen ist, kosmische Muster im Stoff zu verwirklichen, werden die alten Heiligtümer wieder an den geeigneten Orten entstehen. Die Zeit dafür ist reif,

nachdem in der Wellenlinie der aufeinanderfolgenden menschlichen Kulturen ein Wellental durchschritten wurde.
Nichts geht verloren, auch wenn manches vorübergehend kaum beachtet wird. Alle Formen kehren regelmäßig zurück. Der Mensch ist der Vollstrecker der kosmischen Initiativen, der Pendler zwischen Himmel und Erde. In seinen Phasen der Verblendung wendet er sich von der Natur ab und glaubt, seine eigene menschliche Ordnung als Realität in den Grenzen seines noch wenig entwickelten Verstandes aufbauen zu müssen und zu können. Wenn er am Ende dieser Periode zur Einsicht seiner Beschränktheit gelangt, erblickt er die Natur wieder in all ihrer Größe und wirft sich reuevoll in ihre Arme, um fortan wieder nach den ewigen Gesetzen mit ihr zusammenzuarbeiten. So sei es.

## DIE FRAUENBERGE WERDEN ZURÜCKKEHREN

Die Erde ist ein weibliches, mütterliches Wesen mit einer Stimme, die in Grotten und Höhlen leise zu den Menschen spricht, die sich dort zum Schlafen niederlegen. Eingebungen und Träume sagen dem Schläfer, wie er seine Probleme lösen kann, wo er seine verlorene Geliebte wiederfinden oder welche Kräuter ihn von seiner Krankheit heilen können. In der Bilderschrift unserer Vorfahren wurde sie mit der Figur bezeichnet, die wir Sanduhr nennen und die noch auf vielen hölzernen Fensterläden zu sehen ist, weil sich die Urbewohner eines solchen Hofs ihrem Schutz anvertrauten. Sie bestellte Gehilfinnen, Frauen, die ihre Stimme vernahmen und ihre Botschaft weitergeben wollten, als immer mehr Menschen die Fähigkeit verloren, selbst mit Mutter Erde zu sprechen. Die Frauen zogen sich in die Höhlen zurück, wo man sie aufsuchte, um ihren Rat zu hören. Man nannte sie weise Frauen, Sibyllen, Hexen. Oben auf dem Berg, in dem sie wohnten, errichteten sie einen hölzernen oder steinernen Turm, auf dem sie die Sterne befragten und deuteten. Manchmal bauten sie eine Wohnburg, die sie gemeinsam bezogen. In Europa gibt es noch viele Hunderte von Orten, die hiernach benannt sind: Frauenberg, Magdeburg, Jungfernstein, Sternberg, Sterrebos usw.
Eine solche Frauengruppe wurde in der Bilderschrift mit drei Sanduhrensymbolen angegeben. Man findet diese Zeichen in Felsen eingeritzt.
In der Zeit, in der germanische Soldaten und Heerführer, die in römische Dienste getreten waren, sich im linksrheinischen

Gebiet aufhielten, führten sie aus ihrer Heimat Steinfiguren von diesen Frauen mit sich, über die der römische Geschichtsschreiber Tacitus berichtet. Er nennt diese Figuren Matres, Mütter, oder speziell matronae vacallinehae. Sie sind in jener bemerkenswerten Gegend bei Köln noch zu sehen, durch die das Flüßchen Swist strömt. In der Nähe der Ortschaft Weilerswist gibt es einen bewaldeten Hügel, auf dessen Kuppe ein weißer Turm, der Swisterturm steht. Dieser ist von einem Kirchlein übriggeblieben, das im 9. Jh. auf noch älteren Resten eines heidnischen Heiligtums errichtet wurde, im 18. Jh. jedoch verfiel und abgerissen wurde. Der Turm jedoch wurde im Jahre 1854 von der einheimischen Bevölkerung wieder instandgesetzt; im untersten Teil wurde der Verehrungsraum für die drei heiligen Frauen eingerichtet. In den Jahren 1976/77 renovierte man erneut alles, jedoch kamen die drei alten Bildnisse der Jungfrauen in die nahegelegene Pfarrkirche, und an ihrer Stelle wurden drei recht nichtssagende Figuren aufgestellt. So sehen wir sie nun vor uns: Verchristlicht zu den Symbolen von Glaube (Frauengestalt mit Kreuz), Hoffnung (Frauengestalt mit Anker) und Liebe (Frauengestalt mit Herz). Es fehlt auch nicht der geschichtliche Hinweis, daß es sich um die drei Töchter der Römerin Sophia handelt, die als Märtyrerinnen für das Christentum starben.

Die alten Figuren, die jetzt links an der Wand in der Pfarrkirche stehen, sind viel schöner! – Vor den Bildnissen im Turm ist ein hölzerner Halbmond mit Kerzen aufgestellt, die häufig entzündet werden, denn dieser Turm ist seit jeher ein *Wallfahrtsort*. Von der Hauptstraße aus führt eine Lindenallee zum Turm hinauf, während auf der anderen Seite ein reizvoller Fußweg durch den Wald zu der von Sträuchern umsäumten Wiese führt, auf der der Turm steht. Dort wächst auch ein großer Weißdorn (der in den christlichen Jahrhunderten zu einer Dornenkrone geschnitten wurde!). Ursprünglich war der Ostermontag der große Tag, an dem Tausende von Pilgern aus dem ganzen Land, in dem früher die Ubier wohnten (zur Zeit der römischen Besetzung der linksrheinischen Gebiete) zum Swisterturm strömten, vor allem abends und nachts, in dem dann das Licht vieler Kerzen den geschmückten Raum erhellte. Man betete zu den drei Jungfrauen um eine gute Ernte auf dem Acker, um das Fernhalten von Viehkrankheiten und Krieg, aber auch um persönlichen Schutz. Mädchen begaben sich manchmal in Nächten dorthin, um die guten Frauen in Liebesdingen um Rat zu fragen. Die Überlieferung berichtet, daß einst, als die drei Jungfrauen noch auf dem Berg wohnten, d. h. also in der vorchristlichen Zeit, eine Viehseuche das Land heimsuchte; damals sollen die drei Frauen mit erhobenen Händen durch das Land gegangen sein, woraufhin die Krankheit verschwand. Der Ostermontag fiel mit einem Jahrmarkt in Swist zusammen. Im Jahre 1662 wurde die Osterwallfahrt verboten, und es bildeten sich andere Wallfahrtstage heraus, einer am Palmsonntag und einer am ersten August, wenn die Ernte eingebracht war. Diese Tage sind heute noch gültig. Die Glocken des Turms läuten täglich um sechs, zwölf und achtzehn Uhr. Die Reliquien, die die Kirche vorübergehend barg, wurden 1953 in das Pfarrhaus von Weilerswist überführt. Heute, da das mythische Denken wieder aus dem Unterbewußten der Volksseele zurückkehrt, wohin es verdrängt wurde, weicht die Verehrung von Fides, Spes und Caritas wieder dem ursprünglichen Kult, der den Göttinnen der Liebe und der Fruchtbarkeit galt.

In der Gegend wurde auch ein römischer *Matronenstein* gefunden. Diese gab es in ganz Ubien in großer Zahl, und man kann heute noch einen von ihnen in der Nähe des Swisterturms betrachten, und zwar bei dem Dorf *Pesch*. Dort sieht man an der Hauptstraße einen Wegweiser, der zum römischen Tempelbezirk führt. Vom Parkplatz aus geht ein reizvoller Fußweg durch den Wald auf einen ähnlich abgeplatteten Hügel wie denjenigen, auf dem der Swisterturm steht. Hier hat man die Fundamente von drei römischen Tempeln ausgegraben. Unten ist ein Brunnen von dreizehn Metern Tiefe. An dem Tempel ganz rechts wurde ein dort gefundener Matronenstein aufgestellt. Auf diesem sieht man über einem lateinischen Text eine Nische mit drei darin sitzenden Frauengestalten, die alle drei eine imposante Haartracht oder einen Hut tragen und auf ihrem Schoß einen Korb mit Früchten festhalten. Sie sind mit einem Unter- und einem weiten Überkleid gewandet und tragen einen Anhänger an einer Halskette.

Das Gesicht der mittleren Frau ist schwarz. Wir konnten jedoch nicht mit Sicherheit feststellen, ob dies die Patina der Jahrhunderte oder eine ursprünglich angebrachte Farbe war. Letzteres ist jedoch sehr gut möglich, da diese drei Matrones (Mütter) oder Jungfrauen (bei den Kelten und Germanen) zweifellos das Gegenstück zu den in vielen Kathedralen dargestellten Jungfrauen Ambet, Wilbet und Morbet sind, die man als Göttinnen der Sonne (Borbet), des Mondes (Ambet) und der Erde (Wilbet) verehrte, wobei die Erdenmutter stets mit schwarzer Haut dargestellt wurde, weil sie im Dunkeln des Erdinnern wohnt. Überall in Europa begegnet man in christlichen Kirchen und Heiligtümern noch der Schwarzen Madonna, z. B. im Heiligtum der Trois Saintes Maries de la Mer in der Camargue, wohin die Zigeuner jedes Jahr wallfahren, und im Felsenheiligtum von Rocamadour in Südfrankreich. Meist sind die Figuren aus schwarzem Holz geschnitzt. Unweit der Tempel von Pesch, nämlich in Köln beim Hauptbahnhof in der Marienkirche in der Kupfergasse sahen wir eine vielbesuchte Schwarze Madonna, die eher schokoladenbraun war, gekrönt und geschmückt, mit einem ebenfalls schokoladenbraunen gekrönten Kind auf dem linken Arm. Die drei Tempelfundamente sind einen Besuch wert. Mein Pendel, das auf dem Hügel des Swisterturms kräftig Yin drehte (nach links), reagierte genauso an der Stelle des mittleren Tempels, der, wie man annimmt, Jupiter geweiht war, und bei dem der Boden eigenartig gewölbt ist, als ob es darunter noch einen geheimen Raum gäbe. Über den beiden anderen Tempeln drehte mein Pendel außerordentlich kräftig (nach rechts). Beim mittleren Tempel befinden sich am Boden zwei Sechsecke aus Stein mit zwei Quadraten an den Ecken. Im linken Tempel findet man zwei Steineinfassungen an jeder Seite. Dahinter befindet sich eine Art Keller von einem Meter Tiefe. Die Seiten waren etwa siebzehn Meter lang, die Frontseite ebenfalls. Letztere bestand aus drei Teilen, deren mittlerer die Eingangsschwelle bezeichnete; hinter den Seitenteilen stand ebenfalls eine Säule. Zwischen dem zweiten und dem dritten Abschnitt steht eine mächtige alte Eiche, während der ganze Hügel mit Buchen bewachsen ist, die meist mehrere, teilweise bis zu sieben Stämme haben, was auf eine kräftige Erdstrahlung hinweist. Dies zeigte das Pendel tatsächlich auch an: Es wurde mir fast aus der Hand gerissen, so stark war die Kraft, mit der es fast horizontal kreiste. Zwei lange Fundamente, die vor dem Tempel verlaufen, wurden als Wandelhalle deklariert, vielleicht damit man sich dort aufhält und das heilkräftige Brunnenwasser trinkt!

Die tiefsten Fundamente sollen angeblich auf die Germanen zurückgehen. Es waren jedoch die Kelten, die Frauen verehrten. Nach dem Runenexperten Prof. Dr. Herman Wirth (dessen Buch »Die Heilige Schrift der Menschheit« mittlerweile neu aufgelegt wurde) trugen die drei Jungfrauen oder Schwestern (Swister soll mit Schwester zusammenhängen) auf ihren Kleidern die Zeichen für Leben (zwei durch eine vertikale Linie verbundene Kugeln: Die Sonne, die der Erde ihre Kraft schenkt) und für den Tod (die Schleife oder Odalrune). Diese menschlichen Frauen sollten die Ausführenden des Willens der drei Nornen Urd, Werdandi und Skuld sein, der Spinnerinnen, die die Lebensfäden der Menschen auflegen, verflechten und durchschneiden. Man findet die Zeichen auch in die Felswand der Disasen in Schweden (südlich von

Bohuskan) zusammen mit den drei Zeichen für Frau eingehauen. Die Gegend war von einem Stamm bewohnt, der aus dem Nordwesten Deutschlands dorthin gewandert war und dessen ursprüngliches Heiligtum bei den Externsteinen lag, das damals Eccestan, Wohnort der Mütter, hieß. An diesem Platz wohnte einst die Seherin Veleda auf dem Turm, die später von den Römern nach Rom gebracht wurde, um sich dort ihrer Dienste zu versichern. – Diese Frauen sprachen auch Recht, das Odilrecht, über das gemeinschaftliche Land (die Allmende), wonach der freie Bauer sein ererbtes Land und Hofgut als Sonnenlehen betrachtete, das die Sonne als Eigentümerin der Familie anvertraut hatte. Dies wurde durch drei konzentrische Kreise symbolisch dargestellt: Der innere war das Heim-oudil oder angestammte Erbgut in Midgard, der mittlere der Wohnort der Menschen. Der äußere Kreis war Allheim, der Kosmos. Aus dem Südosten jedoch drangen Truppen kriegerischer Männer ein, deren Zeichen die Streitaxt war, und die sowohl das Mutterrecht als auch die Herrschaft der weisen Frauen auslöschten. An deren Stelle trat die Männerwelt der Macht und Gewalt nach römischem Muster. Die weisen Frauen durften ihre Berge nicht mehr verlassen, worin wir den Ursprung der Nibelungensage finden können: Brunhilde wird wegen ihres Ungehorsams ihrem Vater Wotan gegenüber mit dem Schlafdorn gestochen und muß schlafend auf ihrem Berg auf den Mann warten, der über sie herrschen sollte!

Von da an kamen die weisen Frauen nur mehr nachts zu den Bauernhöfen, die ihre Hilfe angefordert hatten. Man durfte diese sogenannten Nachtfrauen nicht fragen, wohin sie gingen oder woher sie kamen. In den kirchlichen Erlässen für die Geistlichkeit wurde immer wieder darauf hingewiesen, daß ein Drittel der Bevölkerung ihnen immer noch anhing. Die göttliche Mutter wurde Domina Abundia genannt, ihre Dienerinnen die Dominae nocturnae. In Frankreich hießen sie Dame Habonde, Frauen des Überflusses.

Die göttliche Mutter hieß auch Mar, daher der Name der Stadt Marburg beim Frauenberg. Mar-ka bedeutet Grenz-Mutter, d. h. Grenzwächterin zwischen Leben und Tod. Sie wird symbolisiert durch die »Sanduhr« mit einem Querstrich, der nach oben und unten umgebogen ist.

Die in Felsen und auch in Beile aus Hirschhorn eingeritzten Zeichen, die man in Dänemark und Skandinavien bei Funden aus der Zeit von etwa 5000 v. Chr. antrifft, sind die Hantel sowie das Quadrat mit dem eingesetzten Kreuz als Zeichen für die bestellte Erde. Weiterhin findet man das Zeichen, das angibt, wie die kosmische Kraft von oben her den Menschen durchströmt und einhüllt:  ⟨ ⟨

In der Edda spricht die Seherin, die Wölva, vom Heim, dem die Veröld, die Welt, der Männer nachfolgt. »Hart ist es im Heim, ehe die Welt untergeht«. Dies soll durch einen Weltbrand geschehen, und danach soll sich die Erde erneut begrünen, und man wird die uralten Runen wiederfinden. Auf einigen Berghängen erkennt man noch das Zeichen einer Fußsohle mit einer eingesetzten Hantelrune eingeritzt; es ist das Zeichen, daß man sich hier auf dem Weg zu den Frauen mit »den lebenslang heilenden Händen« befand (a liknar spori: Auf dem Pfad zur Heilung). In dem alten Wald unten am Frauenberg bei Marburg soll auch noch eine solche Fußsohle zu sehen sein.

In der Männerepoche hat die gegen Frau und Natur gerichtete kirchliche Inquisition sieben Millionen weise Frauen (Mütter, Disen) ermordet. Heute aber kehren sie zurück: Ihre Zeit, die dritte Phase, ist angebrochen. Auf dem Disenberg ist zu lesen: Ecki eru allar disir daudhar enn: Noch sind nicht alle Disen tot.

Die Frau empfängt die göttliche Weisheit von selbst. Damit wird sie der Erde erneut unschätzbare Dienste erweisen.

## DER HOHENSTEIN

Das Weserbergland ist voller Sagen und wunderlicher Dinge. Aus den bezaubernden Tälern erheben sich einige Bergkuppen, u. a. Hohenstein und Ith. Die Überlieferung zeigt, daß schon unsere fernen cheruskischen und sächsischen Vorfahren von den bizarr geformten Felsen beeindruckt waren, die vermutlich in der Urzeit von mächtigen Wasserströmen oder Gletschern abgeschliffen wurden, so daß nur der harte Granit stehen blieb. Der steil aufragende Fels mit den tiefen Klüften ist beeindruckend. Die Westseite heißt Hirschsprung, weil dort der weiße Hirsch, der nach der Sage im Wald lebt, einst, von Jägern verfolgt, über die Felskante fünfzig Meter in die Tiefe sprang und seinen Verfolgern entkam.

# DER WEISSE HIRSCH

Ein Hirte aus einem der Dörfer des Süntel-Gebiets hütete einst seine Kühe auf dem Dachtelfeld, als er einen weißen Hirsch mit einem schwarzen Horn zwischen den Sprossen seines Geweihs sah, der mit diesem Horn eine Kuh berührte und mit ihr hinter einem Felsen verschwand. Nach einiger Zeit kam die Kuh mit leerem Euter zurück. Nach zwei Tagen geschah wiederum das Gleiche. Der Hirte nahm nun einen Knaben mit, damit dieser für ihn die Herde hüte. Als sich nach einer Woche der Vorgang wiederholte, folgte er Hirsch und Kuh und gelangte, sich durch Strauchwerk kämpfend, auf den Hohenstein. Dort sah er, wie ein weißes Hirschkälbchen aus dem Euter der Kuh trank. Als der Hirsch den Mann gewahrte, sprang er auf einen Felsen; das Junge verbarg sich im Gesträuch. Der Hirte versuchte, ihm zu folgen, sah sich jedoch plötzlich einem großen, hageren Mann mit grauem Bart gegenüber. Es war der Berggeist, der es ihm verbot, weiterzugehen. In der einen Hand trug er ein goldenes Schwert, in der anderen ein Horn. Er schwang das Schwert dreimal über seinem Haupt und nahm dann das Horn, auf dem er dreimal laut blies. Daraufhin begann der Wald zu rauschen, ein Ungewitter brach los, Blitze fällten mächtige Bäume, und Felsen lösten sich. Der Hirte wurde in die Luft geschleudert, und die Sinne schwanden ihm. Als er wieder zu sich kam, lag er in der Wiese bei seinem ruhig grasenden Vieh.

Als er dies alles den anderen Dorfbewohnern erzählte, wollten sie sich selbst davon überzeugen und zogen bewaffnet zum Hohenstein. In der Tat sahen sie dort den weißen Hirschen. Als ein junger Mann einen Schuß auf das Tier abgab, es jedoch verfehlte, erschien erneut der alte Mann, schwang sein Schwert und blies in sein Horn, woraufhin ein gewaltiges Unwetter losbrach und alle Männer durch die Luft gerissen und in den Abgrund geschleudert wurden. Nur der Hirte überlebte. In der Tat ist es in der Gegend bekannt, daß am Fuße des Hohensteins ein schweres Gewitter wüten kann, während oben am blauen Himmel die Sonne lacht. Dort oben scheint ein geweihter Ort zu sein, während unten am Berg schreckliche Dinge geschehen sind. In den tiefen Schluchten hat man menschliche Skelette gefunden. Wahrscheinlich haben diejenigen, die oben ihre heiligen Rituale vollzogen, Neugierige und Angreifer von den hohen Felsen herabgestürzt. Der letzte Hirsch wurde am 24. Oktober 1893 erlegt, jedoch hat man noch 1942 einen Hirsch mit einem großen Geweih gesehen.

# DER ALTAR

Oben, in 341 Meter Höhe, befindet sich an der Ostseite eine Felsplattform, die noch immer Sinngrünaltar heißt. Sinngrün gehört zu den seltenen, anderswo schon verschwundenen Wildpflanzen, die alle auf dem Hohenstein im Wald wachsen und heute geschützt sind (Brillenschote, Blaues Kopfgras, Pfingstnelke, Felsnelke, Hufeisenklee, Hundswürger, Europ. Trollblume, Hirschzunge und von den Orchideen der Frauenschuh, das Waldvögelein und das Fleischfarbige Knabenkraut). Hier befand sich eines der wichtigsten Heiligtümer der Cherusker, später der Sachsen.

Der Berggeist schützt den Wald: Wenn man hier Holz fällt, dann rollt es unterwegs vom Wagen oder läßt das Haus in Flammen aufgehen. Die Pferde werden im Wald unruhig und wollen nicht mehr weitergehen. Wenn ein Jäger wilde Tiere töten will, dann versagt sein Gewehr oder es fällt ihm aus der Hand. Wenn er es trotzdem versucht, dann wird er von einem großen schwarzen Hund angefallen und getötet.

Der römische Geschichtsschreiber Tacitus beschreibt diesen Altar als ein Herkules-Heiligtum (bei seinem Bericht über die Schlacht auf dem Idistavisusfeld im Jahre 16). Bei der Burg auf dem Amelungsberg befand sich ein großes germanisches Heerlager.

Im Jahre 782 fand eine große Schlacht zwischen Franken und Sachsen zwischen dem Dachtelfeld und dieser Burg statt, wobei viele im Totental ihr Leben lassen mußten, und der Bach sich vom Blut rot färbte, weshalb er noch heute Blutbach heißt.

Unten im Wald steht ein hölzerner Unterstand für Wanderer, auf dem zu lesen ist, daß die Sachsen dort am oder um den 21. März (Ostern) ihre Frühjahrsfeierlichkeiten zu Ehren der Frühlingsgöttin Ostara begingen. Bei dem alten Opferplatz findet man heute ein Natursteingebäude.

# BAXMANN

In Hessisch Oldendorf beim Hohenstein wohnte vor langer Zeit ein Zauberer, Baxmann, der verdächtigt wurde, Reisende aufgenommen, ermordet und beraubt zu haben und so zu Reichtum gelangt zu sein. Als er selbst starb, und man ihn auf dem Friedhof begraben hatte, sah man auf dem Rückweg mit Entsetzen, daß er hinter dem Fenster seines Hauses stand. Als man ihn zum zweiten Mal begraben hatte, ging sein Geist mit den Dorfbewohnern zurück und spukte lange Zeit in einem der Häuser.

Die Dorfbewohner baten im Paderborner Kloster um Hilfe. Man schickte zwei Mönche, die den wiederauferstandenen Baxmann auf einem Wagen mit vier schwarzen Pferden in den Wald fuhren. Die Pferde kamen kaum voran, und ihr ganzer Körper war schweißbedeckt. Unglücklicherweise sah sich der Kutscher um, so daß der Bann gebrochen wurde, mit dem die Mönche Baxmann gefangen hatten. Dieser lief fröhlich nach Hause.

Bei einem zweiten Versuch gelang es den Mönchen, Baxmann durch das Totental zur Quelle des Hollenbachs hinaufzuschaffen, wo sie ihn dazu verurteilten, den Bach mit einem Sieb auszuschöpfen, wonach er erlöst werden sollte. Im Winter gefror jedoch der Bach bis zum Boden; Baxmann schlug das Eis los, tat die Stücke in sein Sieb und legte sie auf die Wiese. So war Baxmann wieder frei und die Dorfbewohner sahen ihn wiederum hinter seinem Fenster stehen. Erneut kamen die Mönche und verlangten nunmehr von ihm, daß er den Bach mit einem Fingerhut leer schöpfen solle. Seitdem erscheint er im Wald als großer schwarzer Hund mit glühenden Augen, um den Hals eine eiserne Kette, die er hinter sich her schleppt. Einen großsprecherischen Fremden, der um Mitternacht durch das Totental ging, fand man am nächsten Tag tot in einer der Klüfte des Hohensteins liegen. Nach ihm haben es noch viele andere gewagt. Einer, der sich mit dem schwarzen Hund anlegte, wurde von diesem zerrissen. Frauen, die im Wald Himbeeren sammelten, sahen den schwarzen Hund plötzlich vor sich stehen und flohen vor ihm. Der Förster erzählte, daß er ihn des öfteren sah.

Der historische Baxmann war ab 1628 Stadtmusiker von Oldendorf und seit 1648 Pächter des Ratskellers, um den er sich mit 91 Jahren noch selbst kümmerte. Sein Sohn und sein Enkel waren Bürgermeister von Oldendorf.

## DIE HÖHLEN

In den Höhlen und Schluchten wohnten einst Zauberer. In Kriegszeiten verbarg man dort seine Kostbarkeiten, und es soll dort auch noch eine goldene Krone vergraben sein. Baron von Münchhausen, der im Dreißigjährigen Krieg auf dem Landgut Oldendorf wohnte, flüchtete mit seinen Schätzen und seinen besten Pferden in eine solche Schlucht, die heute noch bei der Bevölkerung Münchhausens Pferdestall heißt.

Dies alles läßt vermuten, daß hier eine starke Erdstrahlung vorhanden ist, aber auch viele unterirdische Wasserläufe, die Blitze anziehen. Diese Strahlung verleiht Menschen ohne Blokkierungen große magische Fähigkeiten, während sie Menschen, die durch ein schlechtes Gewissen blockiert sind, Unglück und den Tod bringen. In der Ära des gespaltenen Menschen, der wie gebannt nur auf das Böse blickte, nannte man den Ort die Teufelskammer. Die Bevölkerung blieb jedoch bei der Bezeichnung Sinngrünaltar.

Der Hohenstein liegt in der Gegend von Hameln, wo der Rattenfänger aus Rache für die Undankbarkeit der Stadtbewohner, die er mit seinem Flötenspiel von einer Rattenplage erlöst hatte, mit der gleichen Flöte die Kinder aus der Stadt hinausführte und mit ihnen in einem Berg verschwand.

Ein schöner Wanderweg zum Hohenstein beginnt bei dem Gasthaus »Die Pappmühle«, wo früher eine Papierfabrik mit Wasserrad stand. Von Hameln fährt man Richtung Hessisch Oldendorf und biegt dann nach Zersen ab. Unterwegs kann man noch rings um den Stamm einer abgesägten alten Linde Brotzeit machen, vermutlich ebenfalls ein heiliger Ort, wobei man auch gemäß den auf einem Schild gegebenen Anweisungen in einem Bach das Kneippsche Wassertreten praktizieren kann. Der Waldweg auf den Berg führt an reizvollen Viehweiden vorbei bis zur Quelle und immer weiter in die Höhe; das steilste Stück bewältigt man jetzt auf Steinstufen. Tagsüber läßt sich der schwarze Hund nicht sehen, und wer die Natur liebt und sie unberührt läßt, kann sich an einem Wald erfreuen, in dem noch die Aura vergangener Zeiten spürbar ist. Wem danach zumute ist, kann am Altar für den Berggeist ein kleines Opfer zurücklassen, um das wiedergutzumachen, was der Mensch in den letzten zweitausend Jahren der Natur und ihren Geschöpfen zugefügt hat.

## DER ITH

Der Ith ist ein Bergrücken von 20 km Länge und etwa 400 m Höhe, der sich in südöstlicher Richtung erstreckt und im Norden am breitesten ist. Um den Weg über den Kamm zu erreichen, folgt man einem schmalen, mit Holunder und wilden Rosen gesäumten Weg – herrlich im Frühsommer! –, von dem aus man einen herrlichen Blick hat. Dann zweigt man in den Wald ab und sieht überall üppig gedeihende Pflanzen, die anderswo kaum mehr anzutreffen sind (erstaunlich oft ist dies an heiligen Orten der

Fall), wie z. B. das Bilsenkraut. Durch den Buchenwald steigt man zum Bergkamm hinauf, auf dem sich beeindruckende Felsformationen wie Bollwerke erheben. Am Kammweg sieht man immer wieder Steine, die offenbar von Menschen gesetzt wurden, mit Runen in drei Variationen und der Jahreszahl 1790. Hier verläuft offenbar eine Grenze.

An einer Stelle findet man einen Felsen, zu dem eine in den Stein gehauene Treppe führt, und der mit Eschen, Vogelbeerbäumen und Ahornen umsäumt ist. Wir hatten das Gefühl, daß dies ein heiliger Ort war und meditierten eine Weile. Es war gerade zwölf Uhr Sonnenzeit. (Die Esche ist der Sonnenbaum!) So kann man den ganzen Kamm entlangwandern, aber auch hin und wieder einen Weg bergab einschlagen, der zu einem Dorf in der Gegend führt, wie z. B. der Jürgensweg nach Coppenbrügge. Einige der Felskolosse haben einen eigenen Namen – man hat das Gefühl, daß dies versteinerte Wächter sind, die den heiligen Ort beschützen. Der Name Ith hängt auch mit dem alten Namen Idisenberg zusammen; Disen waren die weisen Frauen, die in Berghöhlen als Vertreterinnen der großen Erdgöttin wohnten, deren Weisheit sie vernahmen und an den Menschen weitergaben. Manchmal sieht man in einem Felsen Menschenprofile – sind sie natürlich entstanden oder könnte es sein, daß hier Menschen mitgestaltet haben? (Solche Felsgestalten werden als Großskulpturen bezeichnet).

Vom Ith aus blickt man über die Ebene weit bis zu anderen Bergen, wie dem Köterberg und dem Süntel mit Hohenstein.

Am südlichen Ende des Höhenrückens gibt es Höhlen, in denen vielleicht die Disen gewohnt haben. In der größten von ihnen, der Roten Steinhöhle, hat man menschliche Skelette und Zierat aus Bronze gefunden. Das östliche Ende des Bergrückens ist der Katzenkopf, und es heißt, daß der Rattenfänger von Hameln die Kinder in diesen Berg geführt hat. Das bizarre Hochplateau im gekrümmten Teil des Rückens war vermutlich ein Ort der Verehrung. Die christliche Kirche verdammte ihn, indem sie ihm den Namen Teufelsküche gab (ein solcher Name ist immer ein Hinweis darauf, daß sich hier ein heidnisches Heiligtum befand). Der Ort heißt heute wieder Sternenbrücke, und in der Nähe des Dorfs Lauenstein beim Katzenkopf gibt es eine Quelle, den sogenannten Siechenteich, wo Kranke Heilung fanden, in dem sie sich im heilkräftigen Quellwasser wuschen und davon tranken. Die Quellnixe, die den Ort beschützte, ehrte man später, indem man beim Spiegelberg ein Frauenbildnis aufstellte, das natürlich als Mutter Gottes bezeichnet wurde. Später ließ die Kirche dieses

Bildnis entfernen und in die Reliquienkammer der Schloßkirche von Hannover bringen. Trotzdem blieb die Quelle heilkräftig!

## DIE DINGSTÄTTE ODER MALSTÄTTE

Der Ort, an dem die alten Germanen regelmäßig ihre gemeinschaftlichen Belange regelten, hieß früher Dingstätte oder Malstätte. Mittelpunkt des Platzes, an dem das Ding, die Volks- und Gerichtsversammlung, stattfand, war ein Baum, in der Regel eine Linde (wie z. B. diejenige auf dem Lindeboomsberg bei Lunteren in Gederland), die ja ein Baum der Venus und ihres Zeichens Waage ist, ein Baum der Rechtsprechung. Manchmal war es auch eine Esche (der Sonnenbaum), eine Eiche (Wotansbaum wie z. B. die Wotanseichen in Oosterbeek) oder eine Birke. Hin und wieder gab es auch einen symbolischen Baum: Ein Irminsul, der Verbinder von Himmel und Erde. In den Baumstamm wurde ein Malkreuz eingeschnitten. Um diesen Baum herum saß man dann im Kreis. An dem Ort befand sich auch ein meist blauer Opferstein (blau ist die Farbe der Hingabe und Treue). Wenn irgend möglich, befand sich dieser Ort bei einer heilkräftigen Quelle (Heilbronn, Sonnborn). Wenn Recht gesprochen wurde, hing man auf das Malkreuz am Baumstamm ein aus Holz geschnitztes Donnerbeil (Thorshammer): Das Doppelbeil des Gottes Donar (Jupiter). Weiterhin befand sich an diesem Ort meist ein Scheiterhaufen mit verschiedenen Holzarten. Später gab es gleich in der Nähe den Galgenberg, denn die Gerichtsbeschlüsse wurden sofort vollstreckt. Der Weg dorthin hieß Galgensteig. Rings um den heiligen Ort war ein Erdwall aufgeworfen, auf dem sich manchmal ein Holzzaun mit roten Streifen befand und der meist mit Dornensträuchern wie Weißdorn und Brombeeren, stets aber mit Haselsträuchern bewachsen war (letztere sind wiederum dem Wotan heilig; man denke an das Haselwäldchen bei der Hütte von Rotkäppchens Großmutter, die eine weise Frau war und ein Waldheiligtum bewachte!). Das Hochgericht wurde auch Wolf genannt; deshalb gibt es bei einigen Orten noch heute eine Wolfskammer.

Eine solche Dingstätte findet man auch bei den ehemaligen Grenzen zweier oder mehrerer Völkerstämme, die miteinander nachts (weil dann die Intuition spricht) über wichtige Dinge berieten und z. B. über Krieg und Frieden entschieden. Dies ist z. B. der Fall in dem besonders heiligen Gebiet des Flusses Lippe, dessen Mittelpunkt die Externsteine bilden, und dem angrenzenden Gebiet des Weserberglands. An der Quelle der Lippe wohnte die weise Frau oder Volksmutter Veleda auf ihrem Holzturm, auf dem sie die Sterne deutete (sie war aus dem Stamm der Brukteren, den südlichen Nachbarn des Stammes Osning, die wiederum südlich der heutigen Stadt Bielefeld saßen). Im Südwesten lebten die Marser, im Süden die Sugainbrer, im Südosten die Chatten, im Osten die Dulgobiner und im Norden die Cherusker. Im Norden des heiligen Orts die Angrivarier.

Das heilige Gebiet, zu dem sich jeder Mensch, der für eine solche Ausstrahlung Gespür hat, immer wieder hingezogen fühlt, liegt im Teutoburger Wald, wo einst die Burg der Teutonen, die Teutoburg, stand. Es beginnt bei der Lippspringe und dem Eggegebirge, und bei Kohlstatt wird man auf einmal von der herrlichen Atmosphäre umfangen. Man findet im Westen den berühmten Ort Oesterholz mit den Steinreihen, im Osten bei Holzhausen den Bärenstein und den Ort, wo einst die heilige Quelle war, die heute Vogeltaufe heißt, hoch auf dem Bergrücken, der den Ort umgibt. (Als die Mönche aus dem Paderborner Kloster einige sächsische Edle soweit bekommen hatten, daß sie sich endlich taufen lassen wollten, sollte dies bei dieser Quelle geschehen. Einige Mönche, die sich dorthin begaben, um bei der Feier zu singen, wurden von anderen Sachsen überfallen, die es nicht hinnehmen wollten, daß bei der heiligen Quelle ihrer Gottheit Saxo diese von Angehörigen ihres eigenen Volkes verraten werden sollte. Die Mönche kamen mit erheblichen Blessuren an und waren nicht mehr in der Lage, zu singen. Der Bischof, der die Taufe vollziehen sollte, fürchtete, daß ein Aufschub einen Sinneswandel bewirken könnte und bestand auf der Durchführung der Zeremonie, sei es auch ohne Gesang. Daraufhin kam ein Schwarm Vögel angeflogen, die schwarze Köpfe wie die Kappen der Mönche hatten, und diese sangen bei der Taufe in den Bäumen, weshalb der Ort heute noch Vogeltaufe heißt). Es ist ein ganz besonders reizvoller Ort.

Wenn man durch den Kiefernwald mit seinen Fingerhutbeständen noch weiter nach oben geht, dann hat man vom kahlgeschlagenen Gipfel aus einen herrlichen Blick über die Umgebung; vor allem bei Sonnenuntergang und Vollmond im Sommer ist dies ein Erlebnis: An der einen Seite sieht man die Sonne untergehen, an der anderen den Mond aufgehen.

Weiter im Norden findet man das Heidental, wo einst eine große Schlacht stattfand, und den Berg der Ortschaft Hiddesen. Der Ort Heiligenkirchen war ebenfalls einst ein heidnisches Heiligtum, und dann kommt man nach Detmold und zum

Leistruper Wald. Dort findet man noch viele Reste von Steinreihen, gewaltige Steinwälle usw.

Detmold hieß früher Theotmalli, und hier fand der Kampf zwischen Karl dem Großen und Widukind statt; man nennt es hier Volk, früher Teut. Malli weist auf die Malstätte hin. Theotmalli bedeutet also Volksmalstätte.

Der Leistruper Wald liegt sechs Kilometer östlich von Detmold und ist etwa 2 km$^2$ groß. Zwei mächtige Steine im Süden des Walds heißen auch heute noch Opfersteine. Eine lange Reihe großer Steinblöcke ist der Rest einer zyklopischen Mauer. Manche Blöcke sind einen Kubikmeter groß. Viele Steine wurden im Laufe der Jahre für den Haus- und Straßenbau verwertet. Viele Wälle, Steine und Mauern findet man zwischen dem sog. Knick und der Fischenknicker Mühle. Hier gibt es Steinreihen, die an die Alignements bei Carnac in der Bretagne erinnern, und die auch den Lauf unterirdischer Kraft- und Wasserlinien angeben. Dieser heilige Wald hat sicher Tausende von Menschen aufgenommen, die die Stimme des Sprechers auf dem Ding hören konnten.

Von dem Steinwall sind noch 180 m erhalten; es müssen wohl einst 250 m gewesen sein. Einer der Hügel, die man als Hünengräber (keine Hünenbetten) betrachtete, enthielt einen alten Scheiterhaufen, dessen gewaltige Hitze die Erde zu Ziegel gebrannt hatte! Vermutlich wurde hier ständig ein heiliges Feuer unterhalten.

Auf dem Bärenstein bei Holzhausen findet man ebenfalls Reste von Steinkreisen. Weiterhin weisen alte Namen auf die Ringmauer (Hain) hin: Alterhain, Mittelhein, Tempelgrund, Brennelse.

Überreste von Türmen gibt es in dieser Gegend ebenfalls; das steinerne Fundament wird Warte genannt. Solche Warten findet man z. B. auf dem Berg von Hiddesen, auf dem Ziegenberg bei Horn, auf dem Dickeberg bei Barntrup und in der Steinbecker Ruine bei Salzuflen. Auf diesen Türmen, die vermutlich auch zum Sterndeuten dienten, wurden Feuer entzündet, um in Zeiten der Gefahr schnell Nachrichten weitergeben zu können. An diesen Stellen befinden sich heute Aussichtstürme für Sonntagsausflügler!

Die Teutoburg lag dort, wo heute das Hermannsdenkmal steht, das an den Sieg der Germanen über die Römer unter der Führung Hermanns erinnert.

Wahrscheinlich gehörten die Steinwälle zu einem Verteidigungsring um die heiligsten Orte, dem man heute noch folgen kann und der die Grenze zwischen den Gebieten der Angrivarier und Cherusker bildete. Dieser Ring verläuft von den Externsteinen und dem Teutberg bei Holzhausen über den Brautberg und den Bannenberg bei Schmedissen, weiter über Schönemark und Fischenknick und dem Leistruper Wald bis zur Veltheimermark bei Vlotho an der Weser. Daß die Atmosphäre, die durch heilige Handlungen, Rituale und durch die Empfindungen der Hingabe und Dankbarkeit, die von Menschengruppen ausgestrahlt werden, lange an einem Ort haften bleibt, beweist dieses Gebiet des Teutoburger Walds. Immer wieder finden hier Menschen zusammen, z. B. am Tag der Sommersonnenwende bei den Externsteinen, die von dieser Atmosphäre selbst zu solchen Handlungen inspiriert werden und zum Beispiel ein Feuer entzünden und im Kreise singen und tanzen. In Vlotho werden Tagungen zu einschlägigen Themen abgehalten, und viele Bewohner dieser Gegend beschäftigen sich mit Forschungen zur Vergangenheit dieses Gebiets.

Man hat in der Gegend heilige Linien gefunden, die alle nach Norden weisen, der Richtung, aus der die alten Germanen ihre Inspiration kommen fühlten: Vom Scheitel des Haupts von Mutter Erde. Diese Linien verbinden viele Kirchen, die ja an alten heiligen Plätzen errichtet sind, und viele Orte, deren Namen an frühere Türme und Dornenhage erinnern: Kirchdornberg (bei Bielefeld), Dörenberg (bei Sternberg!), Tören, Thören, Dören, Döhren, Dooren, Doren, Dorn usw. Wo man solche Namen findet, standen meist Türme, die zu verschiedenen Zwecken errichtet wurden. In den meisten Fällen dienten sie zur Beobachtung des Sternhimmels; außerdem wurden von dort aus mit Feuerzeichen oder auch mit Glockentönen Nachrichten weitergegeben. Die Glocken sind ja keineswegs eine Erfindung der christlichen Kirche und dienten auch nicht, wie die Kirche lehrte, zum Verjagen von Kobolden, sondern verbesserten durch ihren Schall die Atmosphäre. Überall in der Welt stellen Schamanen, in Tibet wie in Ungarn wie in Südamerika, durch das Anschlagen metallener Glocken und Becken die Harmonie im Leib des Menschen (d. h. bei einer Krankheit) wie auch in einem bestimmten Raum wieder her.

Allmählich graben wir die Vergangenheit wieder aus – im Erdboden und in unserem kollektiven Gedächtnis durch Bewußtwerdung!

# DER GUTSHOF GIERKE

Bei Detmold liegt in der Senne der alte Gutshof Gierke, der zu dem Dorf Oesterholz gehört. Letzterer Name hat nichts mit Osten, sondern mit Ostern zu tun, dem Fest zu Ehren der Göttin Ostara, das vermutlich an dieser Stelle gefeiert wurde.

Dieser alte Hof ist von sechs Wällen umgeben, die zusammen 1140 Meter lang sind. Dies erinnert einige Astronomen an ähnliche Bauwerke im alten Griechenland, Ägypten und Babylon. Die Forscher Teudt und Neugebauer fanden, daß eine der Linien für die Zeit von 4000 v. Chr. bis 1000 n. Chr. den Meridian angibt, während vier Linien den Auf- und Untergang der Sterne bezeichnen, nach denen auch im fernen Altertum die Gebäude aufgeführt wurden. Dieser Hof soll aus dem Jahre 1850 v. Chr. stammen. Die Mauern des Hofs bilden eine Linie mit denjenigen Punkten des Horizonts, an denen bestimmte Sterne zum erstenmal erscheinen oder zum letzten Mal untergehen. Wenn man auf einer solchen Mauer stand, konnte man diesen Stern finden. Man vermutet, daß dieser Hof eine Schule für Priester/Astronomen/Astrologen war, die den Lauf der Sterne erlernen und gleichzeitig die Fähigkeit erwerben mußten, solche Beobachtungsbauten auszuführen. Später nannte man solche Gelehrte Kalander.

Fest steht, daß sich in Oesterholz einst ein sog. Freigericht befand.

Diese alten Heiligtümer dienten vielen Zwecken zugleich: Man beobachtete den Sternenhimmel, um den Zeitpunkt für bestimmte Tätigkeiten und für die Feste zu ermitteln; man verehrte hier die großen Naturmächte; man hielt rituelle Versammlungen ab, um die Geschehnisse zu beeinflussen; man begrub hier wichtige Persönlichkeiten, und häufig wohnten an solchen Orten auch weise Frauen oder Männer, die Rat gaben und Recht sprachen und für und mit der Gemeinschaft, die die Gegend bewohnte, wichtige Beschlüsse faßte. In Oesterholz berührten sich die Gebiete verschiedener germanischer Stämme, so daß es sich als Versammlungsort geradezu anbot.

# STERNWARTE AUS DER URZEIT

Wie wir bereits wissen, daß das Dorf Weris in den belgischen Ardennen ein Observatorium der alten Kelten mit einem sog. Sternenspiegel und einem Heiligtum für die Sternkräfte des Großen Bären war, so hat man auch in anderen europäischen Ländern Sternwarten gefunden, was in Ortsnamen wie Sternberg, Sternwald usw. seinen Niederschlag fand. Man weiß, daß die Steinkreise von Stonehenge und anderswo eine Art Kalender waren, die den Lauf der Sonne und des Mondes mit allen Finsternissen usw. genauestens angaben, und gleichzeitig technische Hilfsmittel, durch die der Mensch unter Ausführung bestimmter Rituale die Kräfte von Himmelskörpern auf sich ziehen konnte.

So hat man in unserem Jahrhundert in Mecklenburg in Bützow bei Boitin und Zernin sowie bei der Ortschaft Sternberg einen sog. Steintanz entdeckt. Im Boitiner Forst liegen auf einem Hügel 25 große Granitblöcke, zwei Meter hoch, die zu drei Kreisen von neun bis vierzehn Metern Durchmesser geordnet sind. An der anderen, südlichen Seite der Straße sieht man jenseits eines tiefen Grabens noch einen weiteren Steinkreis mit neun aufrechten und einigen umgestürzten Steinen. Bei allen Steinen weist die glatte Kante zur Mitte.

Warum spricht die Bevölkerung von einem Steintanz? In vielen anderen Gebieten, in denen es Steinkreise gibt, wird erzählt, daß die Steine an bestimmten Knotenpunkten des Jahresrhythmus wie z. B. Sommer- und Wintersonnenwende tanzen, und daß sie sogar in einer bestimmten Nacht zum nahegelegenen Fluß oder See gehen, um zu trinken. Man glaubte, daß sie einst Lebewesen waren, die durch einen Zauber versteinert wurden. Soweit sich diese Steinkreise auf einer freien Fläche befinden, kann man sich vorstellen, daß die Bewegung ihrer Schatten im Laufe des Tages an einen Tanz erinnern. Noch viel deutlicher wird jedoch die Vorstellung eines Tanzes, wenn man auf die Kraftströme achtet, die von den Steinen ausgehen und sich gegenseitig beeinflussen. In einem Kreis, in dem einige Steine verloren gegangen sind, kann man sich in eine solche Lücke stellen und seine Hände auf die Steine zur Linken und zur Rechten legen. Wenn man nur ein wenig Gespür dafür hat, dann empfindet man deutlich den Kraftstrom, der durch den Kreis hindurchgeht. Dieser Strom verläuft in alle Richtungen; so beeinflußt jeder Stein auch den ihm gegenüberliegenden im Kreis. Ein Wunsch, den ein Mensch im Mittelpunkt, d. h. im Schnittpunkt all dieser Kraftlinien, äußert, oder ein Bild, das er sich vorstellt, wird mit gewaltiger

Kraft aufgeladen, mit Erdmagnetismus, wenn man es so nennen will. Man stelle sich vor, daß die Steine Menschen sind, die alle ein Band festhalten, das mit einer Schleife an einem Pfahl in der Mitte befestigt ist. Wenn dieser Pfahl sich drehen kann und die Menschen im Kreise tanzen, dann setzen sie den Pfahl in Bewegung, was die eine oder andere gewünschte Auswirkung haben kann.

Das Maß, das offenbar bei der Aufrichtung dieser Steinkreise gebraucht wurde, ist heute in diesen ländlichen Gegenden häufig noch üblich, so z. B. in Bützow die Rute (eine Rute = 16 Fuß = 4,679 m). Von dem Sternenlauf ausgehend, nach dem dieser Steinkreis errichtet wurde, errechnet sich als Zeitpunkt der Entstehung das Jahr 1181 v. Chr. Der Kalender dieser Zeit stimmt mit demjenigen überein, den die Kommission für Kalenderreform des ehemaligen Völkerbundes zur Wiedereinführung empfahl: Ein Jahr mit dreizehn Monaten von jeweils 28 Tagen und einem Neujahrstag, der nicht mitgezählt wird. Der Umlauf des Mondes käme darin besser zum Ausdruck. So kommt alles periodisch wieder! Offenbar hielt man sich zur Zeit der Errichtung des Steintanzes an diese Zeiteinteilung. Dreizehn Monate, ein Jahr von 365 1/4 Tagen mit der Wintersonnenwende als Neujahrstag, während alle vier Jahre zwei Neujahrstage gefeiert wurden, die nicht mitzählten.

Der kleine Steinkreis umfaßt dreizehn Steine für die Monate des Jahres. Der große hat 28 Steine für die Tage, die auf drei Kreise verteilt sind.

## ODRY

Einen ähnlichen Steinkalender fand man bei Odry in der Tucheler Heide in Westpreußen, unweit der Ortschaft Konitz. Es fällt auf, daß der Durchmesser des Kreises immer in einem bestimmten Verhältnis zur Zahl der Steine steht. Es sind Visiersteine aufgestellt, damit man von bestimmten Punkten aus die Sonne an den Tagen der Sommer- und der Wintersonnenwende sowie an der Tagundnachtgleiche im Frühjahr und Herbst aufgehen sehen kann. Ein bestimmter Punkt zeigt den Untergang des Sterns Capella, des sog. Ziegensterns. Auch die alten Griechen achteten auf diesen Zeitpunkt, denn dieser bezeichnete den Beginn der Regen- und Sturmperiode. Für uns geht Capella nicht mehr unter. Man nimmt an, daß die Steinkreise von Odry im Jahre 1760 v. Chr. errichtet wurden.

Man zählte die Steine Tag für Tag nach dem Monatskreis und ging dann zum Zählen der Monate über zum Jahreskreis usw. Hin und wieder findet man drei Dörfer nahe beeinander, die nach den drei Windrichtungen heißen, z. B. Ostendorf, Westendorf und Nordendorf zwischen Augsburg und Donauwörth, oder Ostheim, Westheim und Nordheim südlich von Hesselberg. Warum fehlt hier der Süden? Wahrscheinlich befand sich im Süden das Heiligtum, von dem aus man die Umgebung und den Himmel beobachtete!

## DIE STADT XANTEN

In der Stadt Xanten am Rhein zwischen Rees und Wesel und nicht weit vom Wallfahrtsort Kevelaer gibt es heute eine Fabrik für Beton-Fertigteile. Vor 2000 Jahren war hier ein Hauptquartier der römischen Besatzungstruppen. Davor war es ein heiliger Ort der sächsischen Bevölkerung. Wahrscheinlich stand hier eine Troja-Burg. Auf dem Ort, an dem eine kraftgeladene Wasserader in einer Spirale nach oben wirbelte, um schließlich als heilige Quelle die Erdkruste zu durchbrechen, erbaute der Mensch als Analogie auf dem Erdboden eine Burg aus behauenem Naturstein, ebenfalls in Spiralform, und zwar auf einem Hügel. Um die Burg zu erreichen, mußte man wiederum auf einem spiralförmig gewundenen Weg den Berg erklimmen. Es handelte sich also um einen drehenden Weg, und deshalb hieß ein solcher Berg auch Drehberg oder Triberg. Eine solche spiralförmig angelegte Burg wurde Troja-Burg genannt, und man fand sie in ganz Europa.

In der Troja-Burg wohnten die weisen Jungfrauen (man denke an Magdeburg!) und sie standen überall dort, wo heute noch ein Ort Frauenberg heißt. Sie waren die Ratgeberinnen, Helferinnen, Lehrerinnen und Prophetinnen der Bevölkerung rings um den Berg, und sie erzogen junge Mädchen zu ihren Nachfolgerinnen. Siebenjährige wurden als Schülerinnen angenommen und in Sternkunde, Pflanzen- und Tierkunde, der Funktion des menschlichen Körpers und der Götterwelt nach den uralten Sagen unterrichtet, wobei immer auf die Analogien in allen Reichen der Natur hingewiesen wurde.

Mit vierzehn legten sie ihre erste Prüfung ab; wenn sie diese bestanden, erhielten sie den Namen Hexa und nahmen am höheren Unterricht teil mit einem Praktikum in Heilkunde, Wahrsagen der Zukunft, Singen und all denjenigen Techniken, die heute wieder im Kommen sind, um das Gleichgewicht in

Mensch und Welt zu bewahren und wieder herzustellen. Mit 21 durften sie dann wählen, ob sie als Lehrerin bleiben oder in die Welt zurückkehren und heiraten wollten. Die Leiterin der Frauengemeinschaft hieß Hagedessa.

In ganz Europa erinnern Namen wie Driburg, Triberg usw. an diese Troja-Burgen.

Von einem solchen Hügel aus verliefen Straßen in alle Richtungen, die den unterirdischen Wasserläufen folgten und längs denen im Wald bei heilkräftigen Quellen Heiligtümer gegründet wurden, in denen eine Frau als Priesterin Dienst tat. Meist waren es sieben strahlenförmig auseinanderlaufende Straßen, und das Heiligtum am Ende war einer Planetengottheit geweiht. Die Burg selbst galt als ein Empfangsort der Sonnenjungfrau.

Bei Xanten hat man einen Achtstern von solchen heiligen Linien entdeckt, und das ursprüngliche Schema kehrt in einem Mosaik im Chor des Viktordoms wieder. Es handelt sich um einen achtstrahligen Stern, ein sog. Kosmogramm, das als Kalender diente und den Zeitpunkt angab, zu dem am oder um den 21. März, d. h. zur Frühlingstagundnachtgleiche Sonne und Mond Hochzeit feierten, d. h. das Fest der Göttin Ostara (Ostern).

Rings um die Stadt gibt es viele Dörfer mit heiligen Orten, auf denen heute eine christliche Kirche steht, und die in Linien angeordnet sind, die sämtlich von Xanten ausgehen. Der Dom ist nach Nordosten orientiert (wie z. B. auch Stonehenge).

Das X von Xanten ist ein altes heiliges Zeichen, das, wenn es aus zwei geraden Linien zusammengesetzt ist, zwischen den Enden der Linien den nördlichen und den südlichen Polarkreis angibt, wobei der Schnittpunkt im Mittelpunkt der Erdkugel liegt. Wenn das X aus zwei Halbbögen gebildet war, stellte es den Berührungspunkt zwischen zwei sich begegnenden Jahreskreisen dar (man denke etwa an Xmas für Weihnachten).

Am Ostara-Fest ging die Bevölkerung Hand in Hand in langen Reihen singend den spiralförmigen Weg nach oben, um am Gipfel ein Freudenfeuer zu entzünden und zu tanzen. Wie beim Heiligtum der Externsteine (am 21. Juni) wartete eine Jungfrau, die den Mond darstellte (oder die Erde) in einem Raum der Burg auf den Helden, einen jungen Mann, der die Sonne repräsentierte, um mit ihm in Analogie zum himmlischen Geschehen eine heilige Hochzeit zu feiern.

Es war daher auch schrecklich für die sächsische Bevölkerung (die Brukteren, die Teutonen, die Chatten, die Marser, die Cherusker usw.), daß die römischen Herrscher aus Xanten ein Heerlager machten, Castra Vetera.

Die weise Frau Veleda, die auf einem Sternenturm bei der Lippspringe wohnte, konnte den germanischen Anführer, der den römischen Namen Claudius Civilis angenommen hatte, dazu überreden, mit den Aufständischen aus dem Gebiet der Bataven das Heerlager zu umzingeln und zu verwüsten (in den Jahren 69 und 70). Hieran beteiligten sich auch ein Teil der Gallier und die Bewohner von Colonia Agrippina, dem heutigen Köln. Der Befehlshaber des Heerlagers und danach auch ein römisches Admiralsschiff wurden die Lippe hinauf nach Veledas Wohnort an der Quelle geschickt. Später wurde Claudius Civilis ermordet und Veleda nach Rom gebracht, wo sie in einer Villa unter Hausarrest stand und von den römischen Herrschern von Zeit zu Zeit um Rat gebeten wurde. Die Germanen waren vorläufig relativ autonom und konnten ihre eigenen Sitten und Bräuche beibehalten.

## DIE HEILQUELLE BEIM SCHLOSS SCHÖNECK

Im Rhein-Mosel-Dreieck, dreizehn Kilometer südlich von Koblenz, liegt das alte Schloß Schöneck. Einige Jahre lang vermietete es die Familie Steinhausen, die Eigentümerin, an Organisationen, die dort neuzeitliche Tagungen abhielten. Kurz nachdem man auch uns zu einem Vortrag eingeladen hatte, erhielt das Haus eine andere Bestimmung.

Einige der früheren Gäste haben jedoch das Vorrecht des Wanderers genützt, um etwas zu entdecken, was dem Schnellverkehr verborgen bleibt: Einen alten heiligen Ort der Verehrung für Mutter Erde, die schwarze, weil unterirdisch wohnende Göttin. Wie auf so vielen anderen heiligen Orten, wo man den Kräften von Sonne, Mond und Erde huldigte, ist dort später eine christliche Kirche entstanden, die noch steht, und zwar im Weiler Windhausen.

Wanderer, die auf dem Wanderweg von Boppard am Rhein nach Bodenbach am Rhein gehen, oder Autofahrer, die auf der Autobahn bei der Ausfahrt Emmelsbaum abzweigen und bis zur Schönecker Mühle fahren, können sich von Einheimischen einen Ziegenpfad zeigen lassen, der über einen Bach zu einer Quelle führt. An einer Nebenstraße liegt das Dorf Windhausen, zwischen Buchholtz und Oppenhausen. Dort fragt man einfach nach der heilkräftigen Augenquelle.

Diese Quelle war nicht immer heilkräftig, wie die Bewohner der Gegend berichten. Wenn man sich näher erkundigt, dann hört man eine lange Geschichte über den Krieg, und erst nach einiger Zeit merkt man, daß nicht von einem der beiden Weltkriege die Rede ist, sondern vom Dreißigjährigen Krieg von 1618 bis 1648, der mit dem Westfälischen Frieden endete.

Die protestantischen Schweden waren bereits bis Schöneck vorgedrungen und lagerten an der Stelle, die heute noch Schwedenplatz heißt. Dort kamen sie nicht weiter. Mutter Erde schützte ihre Quelle und deren Umgebung; sie war gefeit, vielleicht mit Hilfe ihrer Priesterin, der dort wohnenden weisen Frau. Weil die Schweden alle heiligen Bildnisse in Stücke schlugen – das abstrakte Denken der Protestanten löste das Denken in Bildern ab –, hatten die katholischen Bewohner von Windhausen das Muttergottesbildnis aus ihrer Kirche (das eigentlich Mutter Erde darstellte) bei einem Baum versteckt. Nachdem die Schweden abgezogen waren, schlug der Blitz in den Baum ein (da er ja stets von unterirdischen Wasseradern angezogen wird), und dabei wurde das Bildnis geschwärzt. Man grub es aus und stellte es, nunmehr als Schwarze Madonna, wieder in die Kirche. Seit jener Zeit soll die Quelle heilkräftig sein, sagt die Bevölkerung. Das Wasser heilt Augenleiden und wird zu diesem Zweck häufig aus der Quelle geschöpft. Die Kirche hängt voller Danksagungen an die Schwarze Madonna.

Bei der heilkräftigen Quelle steht geschrieben:
Das heilige Brünnchen ward dieser Quell genannt –
Manch' krankes Aug' hier Heilung fand,
Ihr Wanderer, schützt die Stell!
Gott mache uns die Augen hell.

*Weitere Titel
der Reihe Irisiana
im
Heinrich Hugendubel Verlag
München*

## MELLIE UYLDERT
## VERBORGENE KRÄFTE DER PFLANZEN

*184 Seiten mit vier Abbildungen*
*Pappband*

Von den kleinen und den großen Wundern aus dem Reich der Pflanzen:

Gefühle der Pflanzen
Kräuter der Alchemisten
Pflanzen gegen Feuer
Pflanzen und Mondeinfluß
Pflanzen-Elfen
Baum-Seelen
Pflanzen – Heiler der menschlichen Seele
individuelle Pflanzenseelen und ihre Wirkung auf unsere Gesundheit.

Ein Buch, das hilft, zurückzufinden zur vitalen Lebensgrundlage – nicht nur, weil wir praktischen Nutzen daraus ziehen können, sondern weil es natürlich ist.


## MELLIE UYLDERT
## VERBORGENE KRÄFTE DER METALLE

*204 Seiten*
*Pappband*

Auch die Metalle haben bestimmte Funktionen und Kräfte – vielleicht subtilerer Natur, aber darum nicht weniger wirksam. Mellie Uyldert beschreibt, wie man die psychischen, die verborgenen Kräfte der Metalle für sich nutzbar machen kann. Man erfährt, welchem Menschen-Typus welches Metall entspricht und wie man die Heilkräfte der Metalle für sich einsetzen kann.

## MELLIE UYLDERT
## VERBORGENE KRÄFTE DER EDELSTEINE

*184 Seiten mit zahlreichen vierfarbigen Abbildungen
Pappband*

In dieser außergewöhnlichen Edelsteinkunde berichtet Mellie Uyldert von den geheimnisvollen »psychischen« Kräften der Edelsteine, wie sie seit Jahrtausenden überliefert sind und heute wiederentdeckt werden. Alle Steine, von Achat bis Zirkon, besitzen ebenso wie die Heilpflanzen, besondere Qualitäten, die der Kundige zu nutzen weiß.


## DAYA SARAI CHOCRON
## HEILEN MIT EDELSTEINEN

*139 Seiten mit acht Farbtafeln
Gebunden*

In dieser Synthese aus Überlieferung, indianischer Erfahrung und neuzeitlichem Bewußtsein vermittelt Daya Chocron ein Gefühl für die Edel(-stein)-Heilmethode. Die Qualität der Steine, ihre astrologischen Entsprechungen sowie ihre Affinitäten zu anderen Erlebnisebenen lassen darüber hinaus erkennen, was echte »Symbole« bewirken können.

## D. JURIAANSE
## DAS PRAKTISCHE PENDELBUCH

*mit 40 Pendelkarten*
*112 Seiten mit vielen Abbildungen und Tabellen*
*Paperback*

Ein gänzlich praxisorientiertes Handbuch für alle, die einen einfachen Einstieg in dieses Thema suchen. Den Hauptteil des Buches bilden Pendelkarten zu verschiedensten Themenbereichen, mit einem Schwerpunkt auf Gesundheit/Krankheit.

Das »Pendel-Set« enthält neben dem Buch einen hochwertigen Messing-Standardpendel.


## GEORG OTTO
## ERDSTRAHLEN
### Auswirkungen auf unsere Gesundheit

*260 Seiten mit vielen Abbildungen und Tabellen*
*Pappband*

Aufgrund jahrzehntelanger Erfahrung kann der Autor die krankheitserregende Wirkung verschiedener Erdstrahlen glaubhaft belegen und aufzeigen, wie man durch Vermessen (vor allem der Schlafplätze) schädlichen Einwirkungen vorbeugen oder bei Störungen Abhilfe schaffen kann.